U0954807

SEO思维

网络营销必备流量增长策略

姚金刚 吕令建◎著

電子工業出版社
Publishing House of Electronics Industry
北京·BEIJING

内 容 简 介

本书从网络营销流量增长策略的角度，介绍 SEO 思维与技术实现方法，主要内容包括 SEO 的力量、SEO 技术基础、构建 SEO 思维、通过 SEO 赢利、跨平台 SEO 及 SEO 与增长。书中穿插了很多实用的网站优化小例子，帮助读者理解 SEO 的知识要点，第 6 章包括去哪儿网和智联招聘的 SEO 实战案例，可以锻炼读者实际动手操作的能力。

本书可作为高等学校市场营销、电子商务等专业相关课程的教材，也可作为 SEO 培训机构的培训教材，还可供 SEO 从业者、网站运营等人员参考阅读。

未经许可，不得以任何方式复制或抄袭本书之部分或全部内容。
版权所有，侵权必究。

图书在版编目（CIP）数据

SEO 思维：网络营销必备流量增长策略 / 姚金刚，吕令建著. — 北京：电子工业出版社，2020.4
ISBN 978-7-121-38606-0

I. ①S… II. ①姚… ②吕… III. ①网络营销－高等学校－教材 IV. ①F713.365.2

中国版本图书馆 CIP 数据核字（2020）第 034499 号

责任编辑：章海涛
文字编辑：张　鑫
印　　刷：涿州市京南印刷厂
装　　订：涿州市京南印刷厂
出版发行：电子工业出版社
北京市海淀区万寿路 173 信箱　　邮编：100036
开　　本：787×1092　1/16　印张：11.25　　字数：276 千字
版　　次：2020 年 4 月第 1 版
印　　次：2021 年 5 月第 3 次印刷
定　　价：42.00 元

凡所购买电子工业出版社图书有缺损问题，请向购买书店调换。若书店售缺，请与本社发行部联系，联系及邮购电话：（010）88254888，88258888。

质量投诉请发邮件至 zlts@phei.com.cn，盗版侵权举报请发邮件至 dbqq@phei.com.cn。

本书咨询联系方式：192910558（QQ 群）。

推荐序一

很高兴受邀为本书作序，两位作者是我多年好友，都曾就职于国内数一数二的互联网上市公司，取得了有目共睹的成绩，两位合著之作，必定值得一读。

我相信，看到本书的读者都有体会，如今流量红利消失殆尽，流量越来越“贵”，互联网上免费的营销渠道更是凤毛麟角，很多企业营销成本居高不下。SEO 成了很多企业必选的低成本精准营销渠道。

许多开网络公司的学员给我反馈：现在纯建站业务的开展已经举步维艰，企业用户都不再只为了有一个网站而找网络公司建站，他们与我们签约合作时，都非常明确地要求建的网站必须有排名，有流量。由此可见，SEO 需求已深入企业主网络营销思维中，SEO 俨然成为企业网络推广业务的标配。

这本书适合哪些人阅读呢？通过互联网拓展业务的相关人员都适合阅读。如果你是网络营销人员，假如不懂 SEO，做一个称职的网络营销人员很难；如果你是创业者，掌握 SEO 技巧可以帮助你在创业初期节省大量的营销费用，从而可以将节省的资金放在更重要的产品研发上；如果你是想转型互联网的传统企业老板，SEO 可以是你打开网络营销大门的第一把钥匙；如果你是网站编辑或自媒体作者，掌握基本的 SEO 技巧可以让你的文章获取到更多来自搜索引擎的读者；如果你是网站运营人员，负责用户增长，SEO 会是你非常乐意选择的有效渠道。

SEO 是一个“秘密”特别多的行业，有时会“徒弟学会，饿死师父”，所以并不是每个人都乐于分享自己的经验。非常高兴看到两位作者慷慨地把多年的优化实战经验通过此书分享出来，若想积累这么多经验，读者可能需要花费很长时间，然而通过阅读此书，可以在最短的时间内吸取两位作者十几年来沉淀的精华。

身处移动互联网时代，百度等搜索引擎已经不能满足网友的各种需求，网友还需要借助其他 App 来工作、娱乐和生活，如今日头条、抖音等。这些 App 都是巨大的流量入口，而且都有站内搜索引擎。当今的网络运营人员，掌握多渠道的推广技巧是必不可少的，具备多渠道推广能力的人才更受企业欢迎。目前介绍垂直搜索引擎优化技巧的书并不多见，本书跳出了狭隘的搜索引擎，对垂直搜索引擎的优化方式做了详尽介绍，拓展了 SEO 工作者的能力边界。

本书不仅有必读的 SEO 理论知识，更有大量的优化案例帮助读者理解，即使初学者也可以轻松阅读。

搜外创始人　夫唯

推荐序二

近年来网络营销对于企业的重要性已经不言自明，病毒营销、社群营销、直播营销、网红带货等关键词不断引起企业的关注，而其中搜索引擎优化（SEO）对企业在网络营销中的重要性更是不容置疑。

搜索引擎作为人们主动寻找信息的重要渠道之一，既是营销渠道，也是线上品牌推广的沟通方式。几乎所有网站都有用户从搜索引擎上快速将其锁定的需求，这使得 SEO 成为当今企业网站运营的标配。SEO 已经不仅仅局限于网络营销领域，已成为所有企业网站运营人员应具备的一项基本技能。在互联网时代，没有一家企业是孤岛，不论从事哪个行业，如果不重视线上的营销推广，就如同对半壁江山视而不见。国内外众多行业翘楚，也无不经历了一个从线下到线上，再到线下线上相结合的发展过程，线上领土的争夺战从此不可避免，而 SEO 正是其中制胜的利器之一。

两位作者凭借自身丰富的从业经验，从 SEO 的价值和历史讲起，帮助读者了解历年来 SEO 行业迭代的方法；介绍了网站常用 SEO 代码，帮助毫无编程经验的读者熟悉 SEO 必备的代码知识，对读者掌握 SEO 基本操作技巧助一臂之力；从行业层面、技巧层面、思维层面及管理层面系统阐述 SEO 相关内容；还讲解了今日头条、淘宝、微博、微信、抖音等垂直搜索引擎的优化方向；归纳了 SEO 思维必备的几个模块，如长尾思维、关键词思维等。总之，本书以理论结合实例，深入浅出，构建了比较完整的 SEO 知识体系。

SEO 作为网络营销的重要组成部分，不仅是 SEO 从业者和网站运营人员必备的技能，对于市场营销和电子商务专业的研究人员和学生而言，也是应当掌握的重要知识。本书以 SEO 思维的基本模块为单位，逐一阐述各模块的必备思维方式和基本技能，各模块均从 SEO 基础理论出发，结合实战案例详细阐述 SEO 细节，易于领会与掌握，可作为高校相关专业的教材或参考书。

随着 AI 时代的到来，计算机领域的发展迭代极为迅速，SEO 作为一种方法很容易成为明日黄花，但 SEO 的思维体系是持久的。掌握 SEO 思维，将有助于破解网络营销的密码，从而洞悉更为广阔的线上营销世界。

未来已来，企业若想于瞬息万变之中做到波澜不惊，还需夯实根基，从掌握运营管理规律入手，SEO 思维可为其一。

胡玲博士　北京科技大学

2020 年 3 月 15 日于墨尔本拉筹伯大学访学期间

推荐者的话

夫唯　搜外教育创始人

从 SEO 基础原理到 SEO 思维和赢利模式，本书分析得非常细致、系统，极具指导意义。两位作者具有多年大站实战经验，他们的新作值得推荐。

胡玲　北京科技大学教授

AI 时代，SEO 的运用能将用户体验的每个细节放大，从而使品牌在行业中凸显；这本书助力企业在智能时代的网络营销中胜出。作者结合多年的从业经验，理论结合实践案例，帮助读者早日掌握 SEO 思维。

李亚　理臣中国 CEO，福建省第十七届优秀企业家

本书对 SEO 给出了细致的分析及具体的操作方法，具体明了，通俗易懂。对企业应用 SEO 技术推广其产品及品牌有很大的帮助。

刑天　SEO 老兵

从大站 SEO，到品牌搜索引擎曝光 SEO，到淘宝、微博、今日头条等广义搜索引擎优化，两位 SEO 资深人士，为大家分析 SEO 的时代变迁，让大家从技术、生意的角度正确对待 SEO，这本书不是一本简单的 SEO 入门书籍，而是局外人士了解 SEO 行业的"小红书"。

宫鑫　射手学院创始人

书中内容通俗易懂，结构清晰，数据和案例丰富，是学习 SEO 的入门好读物。

图王　a5 站长网创始人

PC 互联网时代，流量对站长来说意味着黄金，SEO 则是那把掘金镐。移动互联网时代，是自媒体、短视频、电商赚钱的时代。SEO 的边界在延伸，自媒体、电商平台、App 均可引入 SEO 思维，实现流量增长！这本书正是这样一本好书，带你全面了解 SEO，将其应用到更多的平台。

马良　北京快道网络有限公司副总裁

这本书脱离了 SEO 固有的概念，将近年来火爆的今日头条、抖音、微信、微博等 App 内部搜索引擎优化加入进来，形成了新的泛 SEO 体系。从思维而非单纯技术层面来解读 SEO，对于企业组建 SEO 团队和落地 SEO 操作有很好的指导意义。

痞子瑞　《SEO 深度解析》作者

SEO 仅仅是一项技能，但基于 SEO 的思维适合大部分职业。本书通过 SEO 以点带面开拓新人视野，拓宽思考方式，相信对于初学 SEO 或初入职场的你会有很大的帮助。

船长（刘炳鑫） 善水营销创始人、搜外资深讲师

这本书由浅入深，深入浅出地讲解了 SEO 的精髓，内容包括最基础的算法、价值，以及难能可贵的 SEO 思维。有些可能是平时触及不到的盲区，所以对于个人站长、电商从行业者、互联网创业者等人员来说，这本书是一本必备的工具书。

冀军龙 博天云搜创始人

从 SEO 的本质到 SEO 的价值，以及常用方法，本书做了详细讲解，行业大作，推荐！

白杨 前杰恩西运营总监

第一次看到这本书，尤其是构建 SEO 思维、跨平台 SEO 及 SEO 与增长三章，眼前一亮！两位作者都是 SEO 实战派，这本书应该不会让你失望！

原艳鹏 前新东方在线流量负责人

两位合力神作，融合了两位多年的 SEO 实战经验。去哪儿网的案例包含了实战策略解析，值得仔细研读。本书值得流量从业者作为手边必备参考书。

高世鹏 前网易 SEO 负责人

两位作者都是我非常要好的朋友，这本书讲解了从 SEO 入门到 SEO 赢利的各种知识，内容翔实，案例有趣，系统性强，引人入胜，是一本不可多得的 SEO 干货书籍。

冀忠魁 忠魁互联 CEO

SEO 是搜索引擎的技术规则，SEO 思维是对 SEO 规则的体系建设。SEO 思维可以用在 ASO、淘宝、抖音等跨平台的规则指导上，还可以指导运营、管理、网络赢利如何落地。早年 SEO 人员用 SEO 思维做站长成了互联网大佬，中期 SEO 人员用 SEO 思维成了各公司高管、电商大佬、公司老板。当前互联网各平台流量都突发性增长，我们需要用 SEO 思维提升自己的能力，借此推荐大家阅读本书。

活宝

从基础到实践，全面地讲解了行业的精髓，读完本书可以得到一个提升。

门禁哥 中科航远科技创始人

静心思路，初心为则。清静心致远，初心通达，所有语义之所生，皆为优化得通达。

刘思齐 雅学教育创始人

初学者可从本书中获得 SEO 知识，本书也是资深 SEO 人员深入学习的进阶书籍，包含全面的搜索引擎排名方法，值得细读。

赵彦刚 时泽学院创始人

此书涵盖了 SEO 的方方面面，从 SEO 的价值、基础知识、最新的认知思维，到如何让从业者获得更大实际收益等多个维度进行讲解。十分期待！

王克江 八零 cms 团队负责人

一本实战性书籍，从基础到技巧和思维，深度挖掘流量入口及转化，适合团队、个人仔细研究！前沿书籍值得推荐！

陈红然　珍品网 SEO 负责人

干货，全是干货，只有干货。从理论基础、优化思维，到项目实战、团队管理，为读者搭建了一个清晰的思维体系。更可贵的是，本书与时俱进地融入了许多新媒体的优化手法，是 SEO 从业者迫切需要的参考资料。两位作者都有十年以上的优化经验，负责过多个千万级流量网站的流量运营，他们多年沉淀下来的优化思路和经验，对大多数从业者来说有很高的参考价值。

华哥　小象教育 CEO

相识多年，两位合作推出的 SEO 思维涵盖了实操多年的丰富经验，对 SEO 及流量圈的各位朋友帮助很大，这本书也将在 SEO 流量圈引领一种新思维。

张建飞　邦博尔教育 CEO

作者将多年积累的 SEO 知识运用到项目的实操经验和盘托出，从商业的角度出发，深度讲述了 SEO 对于企业增长经营的价值。同时，将 SEO 的知识延伸到了自媒体和电商平台中。

黄占乾　钢管在线创始人

SEO 思维是互联网时代的核心思维之一，尤其随着流量成本的增加，SEO 越来越重要。搜索引擎、电商、短视频等互联网平台都离不开 SEO。无论你是互联网的从业者，还是想进入互联网领域的创业者，SEO 思维都是必须掌握的技能。

董子桥　高三网创始人

本书侧重于实战经验总结，属于难得的 SEO 标准教材，SEO 从业者应该人手一本。

赵飞　搜外网百度竞价高级讲师

在 SEO 行业发展的今天，这本书的出现很及时，书中从实战出发，深入阐述了 SEO 的战略思维和具体执行的实战方向，为大家指明了道路。

肖俊　金花站长工具作者

这本书从 SEO 与新电商的角度完美地解释了如何用 SEO 思维在各平台上进行导流，在 SEO 领域发挥领军作用，推荐必读。

丁道静　学子斋教育创始人

SEO 不仅是一种工具，更是一种思维。本书阐述了 SEO 思维在今日头条、淘宝、微博、微信、抖音和应用商店等重要互联网产品中的应用，值得每位互联网从业人员精读。

陈年　SEO 资深专家

这本书囊括完整的 SEO 思维进阶，循序渐进，详细的数据分析思路和运营技巧能够帮助更多人掌握获取流量的秘籍。

千里狼　搜外网络科技唐山有限公司 CEO

本书从全局策略的宏观思维到局部细节的落地实践，都具有实际指导意义。不管新手还是老手，都值得反复研究，从中汲取有价值的思维方法。

吕翠香　闻道网络 SEO 总监

此书介绍了 SEO 的技术和思维，使 SEO 入门者能够更快地掌握基础知识；深入阐述了 SEO 与增长的关系，以及如何通过 SEO 赢利，使有一定基础的 SEO 工作可以更好地进行流量转化及变现；结合了时下最流行的“双微”、抖音等 App 进行深入剖析。此书适合各个阶段的 SEO 人员进行学习。

方法　方法 SEO 博客博主

和两位作者认识快十年了，两位以著书立作的形式公开分享了这么多年的经验和心得，相信无论哪个阶段的 SEO 从业者，读完这本书都能有收获。

赵泽杨　河北猎河科技 CEO

这本书通过介绍 SEO 思维先呈现了 SEO 的前世今生，然后涉及多个实践模块，内容讲述由简到繁，帮助读者构建完整的 SEO 知识体系，新手也能轻松读懂。

浩文

作者是互联网“资深老司机”，曾供职于大型互联网上市公司，这本书是理论结合实践的典范，深刻剖析了当今形势下的 SEO，令人耳目一新。

吉祥　SEO 资深专家

两位作者对流量增长都有独到的见解，读他们的大作会有很大的收获，不仅能提升自己的 SEO 水平，还能结合相应的思路做 ASO 推广，轻松从容拓流量。

郝聪　孔夫子旧书网营销总监

这本书将帮你构建高质量的 SEO 知识体系，其推崇的 SEO 思维模式将会影响那些沉醉于技术方法论的从业者。

蒲德高　个人站长

从 SEO 核心技术到 SEO 项目分析规划，到确定 SEO 方案并实施，再到 SEO 实战案例，这本书总结了项目与 SEO 之间的关系。

周存江　查查看（北京）信息技术有限公司副总经理

这本书不仅介绍技能，更对思维、技巧有独到阐述。其彩蛋是多平台优化，以真正掌握多平台 SEO 方法，适合初学者和提高者，强烈推荐。

大脚　前易车网 SEO 经理

作为一名曾经的 SEO 从业人员，我阅读过不少 SEO 书籍。但互联网行业发展朝夕万变，如果从业者能够拥有一本从 SEO 基本思维出发的好书，就能以不变应万变，非常高兴看到这本书就是。

赵伟　同程艺龙市场增长产品经理

随着科技的日新月异，技术及工具本身或有生命周期或会过时，但我认为思维逻辑是可传承和进化的。正如SEO技术生于个人站长的莽荒开垦，成长于互联网巨头的风起潮涌，此书以思维作为主题展开是应时应景的选择，我相信大家能从中寻得一些答案。

小龙　SEO博客博主

如果想尽快提升网站的SEO效果和自己的SEO技术，这本书极具指导意义。

京坤　SEO博客博主

本书没有局限于知识要点，更侧重传播思维，还包含了新渠道的SEO方法及技巧，是相关从业人员急需的一本好书。

钱小稳　唐山阿优科技有限公司

这本书是我互联网从业18年来见到的最贴心的一本SEO图书。两位作者联手倾力打造，其既包含了丰富的理论知识，又不乏实战技巧。拥有此书犹如左手屠龙右手倚天，刀剑合璧，流量我有。

郭易通　猎聘网SEO负责人

正确的SEO思维是每位从事SEO行业的小伙伴都应该具备的能力，使大家从更高的角度看待每个阶段应该采用的SEO策略。这本书从搜索引擎的原理开始，以案例引导，开拓SEO的视角。

大吉　原39健康网流量总监

从书名就能体会作者用心良苦，多年深厚的SEO实战经验跃然纸上，SEO方法只是工具，从认知层面提升SEO的能力，会有事半功倍的效果。

前　言

搜索引擎是人们主动寻找信息的重要渠道之一。同时，搜索引擎既是营销渠道，又是品牌推广渠道。几乎所有的网站都有被用户从搜索引擎上搜索到的需求，SEO 已经成为网站的标配工作内容。SEO 不仅是营销人员的工作，而且是所有网站运营人员的基本技能。但计算机相关行业的知识更新迭代频率非常快，SEO 的某些技巧容易过时，但 SEO 思维会在很长一段时间里一直延续。

随着互联网技术和计算机通信技术的迅速发展，搜索引擎搜索信息的方法和内容都发生了很大的变化。面对这种情况，应用现代化技术手段，特别是互联网技术，帮助搜索引擎更好地理解网站内容，提升企业信息在各大搜索引擎中的展现机会，进而帮助网站实现低成本营销，降低企业运营成本，成为网络营销从业人员必须要掌握的能力。

本书从行业、技巧、思维及管理角度，以 SEO 思维的基本模块为单位，逐一阐述了每个模块的必备思维方式和基本技巧，方便零基础的读者理解和识记。每个模块独立性强，方便高校教师根据不同的专业特点筛选适合的章节进行教学，而且每个模块均从 SEO 基本理论出发，结合实战小例子详细介绍 SEO 知识要点，使读者掌握 SEO 基本理论知识和实践技能，并形成系统、长久有效的 SEO 知识体系。本书著者具有十多年的 SEO 实战经验，书中融合了大量的网站优化小例子，即使读者没有任何网站基础知识，也可以轻松阅读。

本书主要特点如下。

（1）从 SEO 的价值和 SEO 的历史开始介绍，说明 SEO 行业的迭代方法，增加读者对 SEO 行业的认知，同时避免误入前人经历的 SEO 方法陷阱；介绍网站常用 SEO 代码，使读者熟悉 SEO 必备的代码知识，进而掌握操作技巧。

（2）本书归纳了 SEO 思维必备的知识要点，如关键词思维、长尾思维等。

（3）本书讲解了今日头条、淘宝、微博、微信、抖音和应用商店等垂直搜索引擎的 SEO 方法，带领读者将 SEO 思维运用于各类线上推广渠道中。

（4）本书为从事 SEO 人事管理和项目管理的人员准备了相应的管理知识，介绍了从组建团队到目标管理的过程，帮助他们实现营销推广目标。

本书可作为高等学校市场营销、电子商务等专业相关课程的教材，也可作为 SEO 培训机构的培训教材，还可供 SEO 从业者、网站运营等人员参考阅读。

撰写本书时，虽对内容进行了多次核对，但限于著者的能力，书中难免存在错误与不当之处，欢迎读者批评指正。

著　者

2020 年 1 月于北京

目　录

第1章

SEO的力量

搜索引擎极大降低了人们寻找信息的门槛，搜索引擎可以在几毫秒的时间内给人们提供搜索结果。SEO技术帮助搜索引擎提升了信息的准确性。本章主要介绍SEO的价值、搜索引擎发展史、SEO的诞生、SEO思维的重要性、搜索引擎与SEO的关系及排名算法简史。

1.1 SEO的价值

SEO（Search Engine Optimization）即搜索引擎优化，可理解为从搜索引擎上获得流量的技术。SEO的作用是根据搜索引擎的排序规则对网站进行优化调整，通过提升网站在搜索引擎自然搜索结果中的排名，从而获得免费流量。一般情况下，自然搜索结果位于搜索引擎竞价广告（SEM）的下面。在百度搜索“旅游”的页面如图1-1所示。

图1-1

2019 年上半年，我国移动互联网接入流量达 553.9 亿 GB，同比增长 107.3%。我国搜索引擎用户数约 6.95 亿，占网民总数的 81.3%；手机搜索引擎用户数约 6.62 亿，占网民总数的 78.2%。中国互联网中心于 2019 年 8 月发布的《第 44 次中国互联网发展状况统计报告》指出，除即时通信外，搜索引擎是网民最经常访问的网络应用之一，如图 1-2 所示。

	2019.6		2018.12		
应用	用户规模(万)	网民使用率	用户规模(万)	网民使用率	半年增长率
即时通信	82470	96.5%	79172	95.6%	4.2%
搜索引擎	69470	81.3%	68132	82.2%	2.0%
网络新闻	68587	80.3%	67473	81.4%	1.7%
网络视频（含短视频）	75877	88.8%	72486	87.5%	4.7%
网络购物	63882	74.8%	61011	73.6%	4.7%
网络支付	63305	74.1%	60040	72.5%	5.4%
网络音乐	60789	71.1%	57560	69.5%	5.6%
网络游戏	49356	57.8%	48384	58.4%	2.0%
网络文学	45454	53.2%	43201	52.1%	5.2%
旅行预订[27]	41815	48.9%	41001	49.5%	2.0%
网上订外卖	42118	49.3%	40601	49.0%	3.7%
网络直播[28]	43322	50.7%	39676	47.9%	9.2%
网约专车或快车	33915	39.7%	33282	40.2%	1.9%
网约出租车	33658	39.4%	32988	39.8%	2.0%
在线教育	23246	27.2%	20123	24.3%	15.5%

图 1-2

1.1.1 社会价值

SEO 是伴随搜索引擎的出现而兴起的行业。搜索引擎是网民获取知识和信息的重要渠道。全球网民每天在各个搜索引擎上的搜索次数达数十亿次，每次查询平均仅需 0.04 秒。搜索引擎极大地缩短了寻找信息的时间，提高了工作效率。生产率的提升是推进经济社会持续健康发展的关键要素。搜索引擎的影响已经突破了互联网本身，在经济发展的多个方面发挥着重要作用。SEO 的出现帮助搜索引擎更容易识别信息，提高了信息的准确率，为工作效率的再次提升做出了贡献。

搜索引擎打造了一个连接网民需求与商品或服务的信息平台。搜索引擎通过改变供需之间的有效配对方式，提升了商品或服务的流通效率。搜索引擎具有通用型特征，无论社会经济的哪个行业，都会受到搜索引擎的影响；广泛应用于生产生活的各个领域，降低了人们获取知识和信息的成本；帮助实现技术、管理及组织能力的全面提升，促使个体与集体工作效率持续提高。搜索引擎对社会的间接贡献远远大于其直接贡献。

SEO 是提高搜索引擎准确率的催化剂，也是搜索引擎与搜索者之间的润滑剂。搜索引擎通过计算机算法，从互联网上收集整理信息后提供给搜索者。在搜索引擎整理信息的过程中，SEO 帮助搜索引擎更加准确地理解商品或服务信息。

SEO 使人们在搜索引擎上查找到的信息更加准确。搜索引擎是通过文本理解语义信息的，机器对人类语义的理解存在偏差，SEO 通过技术手段在一定程度上减少了这种偏差，因此 SEO 可以帮助搜索引擎更加准确地理解人类的知识信息。

SEO 使人们查找信息的过程更加高效。由于互联网具有碎片化的特点，所以其信息往往杂乱无章。SEO 使知识以更加有序、合理的方式呈现在人们眼前，缩短了人们查找信息的时间。中国信息通信研究院的相关研究表明，人们使用搜索引擎平均节省的时间为 34 分钟。如果将节约的时间换算成货币形式，每位消费者每年可节省 1880～3880 元人民币。

SEO 拓展了互联网知识库的容量。受技术所限，搜索引擎只能理解文本信息。互联网上存在的大量视频、音频、图像、JavaScript 信息，以及数据库中的大量暗网信息，搜索引擎至今仍然无法理解和获取。SEO 使用文本对这类信息进行精准描述，然后建立索引供搜索引擎抓取，拓展了搜索引擎知识库的容量，使人们可获得的知识量成倍增加。

1.1.2 企业价值

在市场竞争如此激烈的 21 世纪，降低运营成本是企业在百万大军中胜出的重要因素。SEO 帮助很多企业大幅缩减了营销成本。甚至对于很多市值十亿、百亿美元的公司来说，SEO 在其创立之初起到了巨大的促进作用，如 Facebook、58 同城、赶集网、去哪儿网等。SEO 不仅给网站带来了大量的流量和较高的经济价值，而且帮助企业树立了良好的企业形象。

小例子

去哪儿网

去哪儿网成立于 2005 年，是国内著名的旅游平台之一，提供酒店、门票、机票、度假产品等一站式预订服务。去哪儿网在成立初期，广告投放资金并不宽裕，此时作为免费流量的 SEO 渠道起到了较大的作用。去哪儿网通过建设搜索引擎友好型网站，得到了百度等搜索引擎的青睐，百度给予了巨大的流量导向，使去哪儿网通过 SEO 获得了第一批种子用户。2007 年 5 月，去哪儿网的独立用户访问量突破 500 万，并被明确定位为中国最热门的旅游新媒体之一。移动互联网兴起后，去哪儿网又通过 SEO 给用户更稳定的 App 导流，此举帮助去哪儿网在移动互联网时代依然能笑傲江湖。时至今日，去哪儿网仍然保持着上亿的百度收录量，如图 1-3 所示，SEO 流量非常庞大，每月为去哪儿网带来了数以百万元的收入。

图 1-3

小例子

58 同城网和赶集网

58 同城网和赶集网都成立于 2005 年，是国内有名的分类信息平台，为用户提供房屋租售、二手物品买卖、招聘求职、车辆买卖、宠物票务、教育培训、同城活动及交友、团购等众多本地生活及商务服务类信息，2015 年两者合并为 58 赶集网。在 SEO 行业内，至今让人津津乐道的流量故事主角便是 58 赶集网。当初 58 同城网和赶集网几乎都是靠 SEO 流量起家的网站。但由于商业模式等原因，分类信息网站的利润并不高。在品牌宣传期需要大量资金，而利润较薄的行业不适合采用大规模广告投放的方式，SEO 自然成为 58 赶集网最理想的推广渠道。曾经，百度首页的海量相关行业关键词长期被 58 赶集网占领，而且占领多条结果，如招聘、房产、家政、商业服务、婚庆摄影、教育培训等。58 赶集网并没有浪费这些排名带来的流量，而是通过商业运作将这些流量转化为巨大的利润。或许很多人不会想到，如图 1-4 所示，一个每股超过 40 美元，总市值为数十亿美元的商业王国，前期是通过如此廉价的方式发展起来的。

图 1-4

与其他推广渠道相比，SEO 在营销方面的优势包括如下几方面。

1. 市场空间大

目前我国网民数量已经超过了 8 亿，只要会上网的人就一定会用到搜索引擎，所以 SEO 的市场空间非常大，通过 SEO 可以得到海量的用户。

2. 搜索引擎自然排名流量质量高

SEO 流量是由用户主动搜索行为触发的，可以精准满足用户需求，因此 SEO 流量转化率高，且容易成交。

3. 性价比高

正确的 SEO 只需要前期投入很少的资金，就可以获得长期收益。与搜索引擎竞价广告相比，正确合理的 SEO 几乎是免费的，待前期优化好后，可能会得到一劳永逸的效果。

4. 有效时间长

竞价排名虽然能在搜索引擎中很快获得排名，但一旦停止推广，流量就基本为零。竞价不是免费持久获得排名的方法，然而通过 SEO 网站获得排名，只需要合理维护，就能获得持久的排名。

5. 提升企业品牌形象

从以往数据来看，用户更加信任在搜索引擎中排名靠前的网站。排名靠前的网站，可以增加曝光率，树立企业形象，获得源源不断的品牌展示机会。

1.1.3　个人价值

无数个人站长通过 SEO 改变了自己的职业发展之路。例如，有人通过 SEO 优化师的岗位在各大互联网公司就职，为企业带来 SEO 流量的同时，也有了一份稳定的收入，也可以通过 SEO 这个踏板进入大公司的管理层，走向人生"巅峰"；有很多没有经济基础的创业者，虽然没有接受过良好的教育，但完全依靠 SEO 白手起家，成就了自己的事业，获得了人生的第一桶金。SEO 的学习门槛很低，不需要掌握复杂的编程语言。对于"草根"而言，免费的 SEO 流量极具诱惑力。SEO 创业者们通过系统学习优化知识，在不需要大额经济投入的情况下，可以获得较好的流量收益。

1.1.4　用户价值

SEO 改善网站用户体验。一名成功的 SEO 专业人员首先应是一名合格的用户体验优化师。SEO 通过数据分析的方式分析网站在用户体验中存在的问题，通过网站停留时间、页面加载速度、网站转化路径等数据不断优化用户转化流程，不断帮助网站改善用户体验。

SEO 专业人员需要始终了解最新的技术和趋势，SEO 可以帮助网站使用新技术。搜索引擎对改善用户体验的新网站技术最为敏感，愿意将这种使用新技术的网站推送到用户面前。同时，SEO 迫使网站进行不断升级，这种技术升级也是对用户体验的升级，如移动端响应式技术。SEO 专业人员提供有关如何利用和实施这些新技术使得排名更高的见解和想法，而且一直思考如何改善网站的用户体验以满足当今消费者的期望。

1.2　搜索引擎发展史

互联网之初，人们只能在浏览器中输入网址访问目标网站。然后出现了网址导航，网址导航是常用网址的集合，即不用反复输入网址就能访问网站。随着互联网的蓬勃发展，网站数量数以万计，网址导航已经不能满足人们的寻址需求，搜索引擎应运而生。搜索引擎以关键词为单位提供相关网站。

下面按时间顺序介绍搜索引擎的发展史。

（1）1990 年

世界上第一个互联网搜索引擎 Archie 诞生，用于搜索 FTP 服务器上的文件。当时基于 HTTP 的 Web 搜索引擎还没有出现。

（2）1993 年

2 月，6 名斯坦福大学的学生创建了 Architext，即后来的搜索引擎 Excite。Excite 革新了信息的分类方式，根据内容中的关键字和后端优化对结果进行排序，使查找信息变得更加容易。

6 月，世界第一个 Web 搜索引擎 World Wide Web Wanderer 诞生，但只搜集网址，没有索引文件内容。

10 月，第二个 Web 搜索引擎 ALIWEB 诞生，开始索引文件元信息（标题标签等信息），但没有索引文件主题内容。

（3）1994 年

Infoseek 诞生，才算正式推出搜索服务。Infoseek 是早期最重要的搜索引擎之一，允许站长提交网址即从 Infoseek 开始。百度公司创始人李彦宏曾是 Infoseek 核心工程师之一。

（4）1995 年

1 月，yahoo.com 域名注册。

4 月，Yahoo 公司正式成立。

12 月，Infoseek 成为网景浏览器 Netscape 的默认搜索引擎。Netscape 是当时浏览器市场的绝对统治者，曾占市场份额的 90%以上。

（5）1996 年

3 月，谷歌（Google）作为创始人 Larry Page 和 Sergey Brin 在斯坦福大学的研究项目，当时的名称是 BackRub，1997 年改名为 Google。早期的谷歌页面如图 1-5 所示。

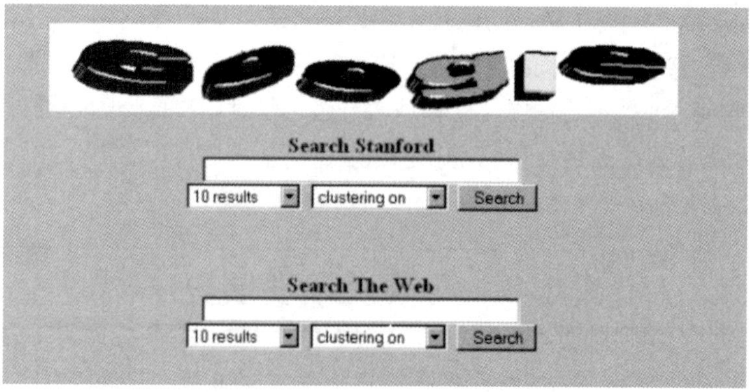

图 1-5

（6）2000 年

1 月 1 日，李彦宏在中关村创建百度公司，并于次年推出百度搜索引擎服务。

（7）2003 年

6 月，百度超越谷歌成为中国网民首选的搜索引擎，成为全球最大的中文搜索引擎。同年，百度发布图像搜索和新闻搜索，然后百度贴吧上线，成为全球最大的中文社区。

（8）2004 年

5 月，百度成为全球第四大网站。中国手机用户数量达 2.7 亿。百度公司推出百度 WAP 搜索，使手机也能使用百度搜索引擎。

（9）2005 年

百度公司在美国纳斯达克成功上市。

（10）2006 年

百度百科上线，成为全球最大的中文百科全书。

（11）2009 年

3 月，CNNC 报告显示，百度在中国搜索市场的份额高达 76.9%。

（12）2012 年

奇虎 360 推出搜索引擎服务，名为 360 搜索。360 搜索曾更名为“好搜”，但 2016 年又更改为 360 搜索。

（13）2014 年

UC 公司与阿里巴巴公司发布搜索引擎：神马搜索。神马搜索是针对移动端的搜索引擎，依靠 UC 浏览器迅速占领市场。

（14）2016 年

百度开放语音搜索功能。从此，搜索引擎进入智能语音时代。

（15）2018 年

百度小程序正式上线，搜索引擎开启流量闭环服务。

经过多年发展，搜索引擎的排序算法也经过多次变革，从最初的文本检索、链接分析，发展到以用户为中心的个性化搜索。搜索引擎的功能逐步完善，为人们提供的信息越来越准确。虽历经多次变化，但搜索引擎仍采用以搜索词为核心向用户提供相关信息的模式，SEO 的目标还是以关键词为单位向用户提供有价值的信息。

1.3　SEO 的诞生

20 世纪 90 年代初，搜索引擎进入千家万户，越来越多的家庭连接互联网，查找信息变得更加容易。搜索引擎的普及让 SEO 的出现成为可能。

当时的搜索引擎基于文本中的关键词进行排序。在网站中合理地出现关键词，可以帮助搜索引擎准确理解页面内容。搜索引擎根据关键词的相关性，对搜索结果进行合理排序。很多网站通过在网页文本中增加关键词提升排名，SEO 就此诞生。SEO 站长在网页的标题

(title)、关键词(keyword)、描述(description)及正文中添加关键词，这就是 SEO 行业最早使用的方法。

Larry Page 和 Sergey Brin 在创建谷歌时，改善由于文本排序规则而引起的搜索引擎体验不佳问题成为他们的目标。1998 年，两人在斯坦福大学发表了题为“大型超文本 Web 搜索引擎的解剖”的论文。在论文中他们首次提到网页权重(Page Rank)，并提出了搜索引擎基于网页权重进行排序的理论，此论文成为日后 SEO 的理论基础。网页权重的基本算法基于“投票”原理，即人们愿意推荐好的网站给用户。谷歌将从 A 页面到 B 页面的链接解释为 A 页面给 B 页面投票，谷歌根据投票的多少决定网站的等级。在其他条件均相同的情况下，网址等级越高，排名越靠前。网页权重理论开启了 SEO 的新篇章，也成为 SEO 行业始终绕不开的话题。

随着搜索引擎对网站的理解更加精准，搜索引擎排序规则不断更新，SEO 方法也不断发生变化。SEO 技术出现初期，在网站的 keyword 参数中添加关键词就能获得不错的排名，于是有些网站恶意添加关键词以骗取搜索引擎流量。搜索引擎只好不断降低 keyword 的权重，直至取消。当网页权重算法纳入排序规则后，有些网站又开始不断地通过各种办法获取外部链接(简称外链)，刚开始是正常的友链行为，后来发展到群发外链、外链购买行为。于是，搜索引擎开始升级网页权重计算方法，屏蔽群发及购买等非投票性外链。当搜索引擎将用户的点击行为纳入排序算法后，有些网站想办法通过虚假点击的方式提升排名。总之，SEO 方法随着搜索引擎算法的变化而不断升级。

1.4 SEO 思维的重要性

如今，身处网络无处不在的信息社会，网络上存在着海量的信息，并且每天都以爆炸式的速度增长，“搜索”成为在信息汪洋中寻找有价值信息的有效手段。通过百度寻找目标网站，通过京东寻找想要的商品，通过应用商店寻找 App，通过今日头条寻找最新鲜的资讯，可谓有信息的地方就有搜索，有搜索的地方就存在 SEO。

无论百度搜索、淘宝搜索，还是京东搜索，所有的搜索程序都要遵循一定的规则。注意这些规则，可事半功倍地提升推广效果。这要求平时关注 SEO，在网络上留下任何信息时都要注意搜索入口。互联网公司中所有参与网络建设和推广的人员都应具备 SEO 思维，包括前端、后端、设计、运营、媒体等岗位人员。拥有 SEO 思维的技术人员在制作网站时，会考虑搜索引擎抓取的便利性；拥有 SEO 思维的设计人员在设计网页时，会告知搜索引擎本网页的重点；拥有 SEO 思维的运营人员，会考虑用户关注的核心内容；拥有 SEO 思维的媒体人员，会考虑结合网络热点发布稿件。

随着人们对搜索入口的重视，SEO 思维逐步普及，但普及率远远不够。在一些大型互联网公司，可能还有一些核心技术人员不具备 SEO 思维。为了节省时间，某些技术人员将网页核心内容放在 JavaScript 中，导致搜索引擎无法抓取；或者将内容放在数据库中，只有搜索才能找到内容，而搜索引擎自身只能沿着链接进行抓取，它并不会像用户一样进行搜索，导致搜索引擎无法获取网站中有价值的信息。

拥有 SEO 思维要比懂得 SEO 技巧更重要。拥有 SEO 思维，在面对有搜索的营销渠道时游刃有余；拥有 SEO 思维，能够从策略层面解决问题，而不拘泥于某些细节；拥有 SEO 思维，在技术领域可以解决营销存在的问题。

1.5 搜索引擎与 SEO 的关系

搜索引擎与 SEO 是互相依存的关系。两者互相依赖，互相促进，目标一致。

搜索引擎因 SEO 的存在而更有价值。搜索引擎的使命是满足用户需求。用户在搜索引擎中搜索信息时，搜索引擎能否准确快速地提供信息是衡量搜索引擎价值大小的标准，SEO 网站足够多是搜索引擎存在的基础。SEO 网站越多，搜索引擎索引的信息越多，提供的信息越全面且准确。反之，如果没有 SEO 网站，搜索引擎也将没有存在的必要。如果越来越多的信息提供者通过其他渠道为用户提供信息，如 App 或微信小程序等，那么搜索引擎存在的价值会越来越小。

搜索引擎提高了 SEO 网站的价值。网站为了更好地为用户服务，必须让目标用户更容易发现。搜索引擎将大量的目标用户送到 SEO 网站，网站信息传播量得到提升，此时网站在未提高成本的情况下服务了更多用户。

1.6 排名算法简史

通过了解搜索引擎更新的历史，可以探索搜索引擎算法的变迁。搜索引擎的每次更新都促进了 SEO 技术的发展。从 SEO 发展史中可以了解 SEO 的常用方法，知道哪些 SEO 方法可以继续使用，哪些方法应停止使用，还可以领悟某些“白帽”或“黑帽”的方法。

1.6.1 谷歌算法

谷歌是全世界使用最为广泛的搜索引擎之一，谷歌算法更新会引导搜索引擎行业算法更新。了解谷歌算法是每个 SEO 人员的必修课。2017 年 11 月前的每次算法更新，谷歌公司都会公布并命名；之后的算法更新只在官方渠道公布，而算法名称是由 SEO 业内人士命名的。

（1）2003 年佛罗里达更新

基于搜索引擎按照网页关键词进行排序的原理，站长们通过各种办法增加关键词的密度，如堆砌关键词、隐藏文本等。佛罗里达更新打击了一系列不正常的优化方法，如隐藏文字、关键词堆砌、链接农场、大量交换链接、过度优化等。佛罗里达更新彻底改变了 SEO 技术，可以说是现代 SEO 方法的起点。

（2）2005 年 1 月 nofollow 标签

为了获得大量外链，站长们通过人工或机器的方式在他人博客上大量留言并附加自己网站的地址，但这种链接不是基于自愿的“投票”，影响了谷歌算法的准确性。为了打击这种行为，谷歌、Yahoo 和 MSN 三家公司联合推出了 nofollow 标签。搜索引擎对标注有此标签的链接不计算“投票”。创建该标签是为了减少网站（尤其是博客）上的垃圾链接对排序的影响，这充分地说明了链接对排序的重要性。

（3）2010 年网页速度影响排序

为了获得更好的搜索引擎用户体验，谷歌更愿意给人们提供打开速度快的网页，对打开速度快的网页排名给予提升，虽然幅度不大。速度的测量包括蜘蛛抓取时页面的反应速度和工具条记录的用户打开页面时间。打开速度特别慢的网页可能会被惩罚。

（4）2011 年 1 月采集惩罚算法

网页数量越多的网站被用户检索到的概率越大。基于这个原理，有些站长通过大量采集其他网站的内容提升自己的流量。这种采集行为影响了用户体验，也影响了互联网生态的正常发展。因此谷歌推出了原创检测算法，对采集、抄袭网站进行惩罚。

（5）2011 年 2 月熊猫更新

为了降低建站成本，提升建站速度，有些站长通过简单粗暴的方式生产网页内容。经过熊猫更新，内容质量低的页面排名被降低，如转载内容、抄袭内容、用户发的大量垃圾留言、主体内容少、关键词堆砌等。熊猫更新从 2011 年上线，到 2015 年融入核心算法中，经历了近 30 次更新。

（6）2011 年 11 月新鲜度算法

根据谷歌网页权重算法，外链越多的网页排名越容易靠前。一般情况下，老网页容易获得链接，新网页会由于缺少外链而排名不理想。这种算法对于时效性较强的搜索需求非常不友好。例如，想在搜索引擎上查找一款最新发布手机的信息，搜索引擎会给出一些较老型号手机的信息。针对这个缺陷，谷歌增加了新鲜度算法，即更新鲜的内容会被更多展示在搜索结果中，尤其是最近的事件或热门话题、定期举办或发生的事件（如奥运会）、经常会更新的信息（如最新产品）。

（7）2012 年 1 月页面布局惩罚算法

有些站长为了提升广告收益，将广告放在较为明显的首屏。打开网站页面后，首屏并没有显示有效信息。于是谷歌推出了页面布局惩罚算法，对首屏显示广告过多的网站降低其排名。被惩罚的网站在修改页面布局后，谷歌会重新抓取、索引，如果页面用户体验已经改善，就会自动恢复。

（8）2012 年 4 月企鹅算法

在外链成为排序的重要因素后，通过论坛博客批量制造外链成为当时 SEO 比较盛行的方法。有些站长通过软件批量注册论坛、博客、B2B 等网站，然后通过群发软件发布海量外链，制造非自愿“投票”。谷歌对批量发布垃圾外链的网站进行了大规模的惩罚。企鹅算法对今天的 SEO 方法，尤其是外链建设方法，产生了很大影响。

（9）2012 年 8 月海盗算法

《美国数字千禧版权法》通过立法的方式，对网上作品著作权的保护提供了法律依据。根据这个法案，如果版权作品被侵权，版权所有人可以向服务商要求删除侵权内容，服务商可以是主机商、域名注册商、ISP 及搜索引擎。海盗算法是指对收到很多侵权投诉删除要求的网站，谷歌给予排名惩罚。

（10）2014 年 7 月 HTTPS 更新

HTTPS（Hyper Text Transfer Protocol over Secure Socket Layer，超文本传输安全协议），是以安全为目标的 HTTP 通道，即 HTTP 的安全版。HTTP 以明文方式发送内容，不提供任何方式的数据加密，如果攻击者截取了 Web 浏览器和网站服务器之间的传输报文，就可以直接读懂其中的信息，因此 HTTP 不适合传输敏感信息，如信用卡号、密码等。HTTPS 提高了用户信息的安全性，提升了用户体验。谷歌对采用 HTTPS 的网站给予排名上的优待。

（11）2015 年 4 月移动友好度算法

随着移动互联网的兴起，人们越来越多地使用手机访问搜索引擎，使得满足移动端浏览需求的网页更受欢迎。例如，合适的字体大小、合适的行间距、与手机适配的页面宽度、用户不需要左右拉屏幕、手指点击链接时准确度高、页面链接速度快等。对于移动端用户体验进行优化的网站，谷歌给予了排名优待。移动友好度算法针对页面级别，而不针对网站级别。

（12）2015 年 10 月被黑网站删除算法

如果黑客攻击了某个网站，在网站上注入色情、赌博、侵权商品信息，而网站管理员又没有及时改正，谷歌会在搜索结果中删除此网站。因此，网站的安全性是 SEO 人员需要关注的内容。

（13）2015 年 11 月 App 安装插页广告惩罚

随着智能手机的普及，移动 App 如雨后春笋般涌现。App 推广成了互联网公司推广的重头戏。在移动端页面添加巨幅 App 下载广告成了当时盛行的推广方法。在本来就不大的移动端页面中弹出大幅、遮挡主体内容的插页，要求用户下载 App，损害了用户体验。谷歌对这类网站进行了排名惩罚。需要注意的是，页面可以建议用户下载 App，但广告不可大幅甚至全屏。

（14）2017 年 3 月弗雷德更新

有些网站不是为了给用户提供有效信息而产生的，而仅仅是为了通过流量赚取广告费而产生的，其中不乏低质网站。内容拼凑、用户体验差是此类网站的常态。为了降低此类网站在搜索引擎中的排名，谷歌推出了弗雷德更新。其实弗雷德是谷歌一位员工养的一条鱼的名字。

（15）2017 年 4 月猫头鹰算法

虚假新闻比真实新闻更具备挑逗性和煽动性，因此虚假新闻更具传播性，而且更容易传播带有极度偏见、煽动仇恨的内容，谣言、阴谋论类内容，以及冒犯性、误导性内容的信息。为了避免此类信息在网络上传播，谷歌发布了猫头鹰算法。猫头鹰算法提升了权威度高的页面排名，降低了低质量内容的页面排名。

虽然提升了高权威度页面的排名，但谷歌强调这个更新不会影响新网站获得排名的能力，大品牌也没有特殊优势。谷歌没有进一步说明什么是高权威度，需要 SEO 人员自己研究。

（16）2017 年 10 月移动优先索引

移动优先索引是指谷歌优先索引网站移动端版本，并作为排名依据，而之前是索引 PC 端版本并计算排名的。谷歌的解释是，移动端将有一个单独的搜索结果索引，而不采用与 PC 端匹配的主副索引模式。在此算法更新前，大部分网站 PC 端排名与移动端排名相差不大，移动优先索引改变了这种格局。

（17）2017 年 12 月马加比更新

为了快速增加关键词的覆盖数量，有些站长通过批量组合的方式快速产生大量着陆页，如上海某医院、北京某医院、天津某医院。这类页面由机器批量生成，没有实质内容，用户体验较差。为了降低此类低质网站的排名，谷歌发布了此次更新。SEO 行业称之为马加比更新。

（18）2019 年 6 月多样性更新

谷歌表示在搜索结果前几名中，通常不会显示来自同一域名的两个以上结果，以保证搜索结果来源的多样性，除非同一域名的两个网页都提供了极为优质的内容。注意，此处同一域名指二级域名，即不同二级域名下的内容不受此次更新影响。

从谷歌历次更新算法可以看出，所有算法都是围绕提升搜索引擎用户体验、鼓励优质网站、惩罚低质网站和作弊网站设置的。因此无论搜索引擎如何更新，SEO 人员只要为用户创造有价值的内容，网站 SEO 方向就是正确的。

1.6.2 百度算法

百度成立之初，几乎从不向外界公布算法更新，SEO 人员只能依靠谷歌的更新猜测百度的变化。自 2013 年开始，百度开始对外公布算法更新，并且每次更新都有官方命名。百度与 SEO 站长之间有了正式的沟通。

下面介绍百度自 2013 年开始的历次算法更新内容，帮助了解百度算法的变化规律。

（1）2013 年 2 月绿萝算法

网页权重是百度排名算法的重要依据，外链对权重有至关重要的影响。为了快速提升网站排名，有些站长通过购买的方式快速获得大量外链。外链的买卖、发布形成了一条非常成熟的产业链，甚至有些网站靠出售外链为生。链接买卖行为严重影响了排名的公平性。百度发布了绿萝算法，并且经过了多次更新。绿萝算法对链接买卖行为进行了卓有成效的打击，链接买卖行为被有效遏制。但是百度只能通过算法判断链接买卖行为，精准度永远无法达到 100%。链接买卖行为从地上转到了地下，渠道也更为隐蔽。

（2）2013 年 5 月石榴算法

为了提升网站广告收益，有些站长会在网页主体部分放置较大篇幅的广告，甚至通过弹窗的方式遮盖主体内容。百度发布了石榴算法。此次受影响的网站包括含有大量妨碍用户正常浏览的恶劣广告页面，尤其以弹出大量低质弹窗广告页面、混淆页面主体内容的垃圾广告页面为代表。

（3）2014 年 8 月冰桶算法

百度推出了移动搜索的冰桶算法，针对强行弹窗 App 下载、用户登录、低质广告等影响用户体验的网站行为和页面进行一系列调整。之后冰桶算法进行了多次更新，百度对每次更新都进行了详细说明。冰桶算法 2.0 主要解决全屏下载、在狭小的手机页面设置大面积广告遮挡主体内容、强制用户登录才可以使用等问题。冰桶算法 3.0 打击在百度移动搜索中，打断用户完整搜索路径的调起行为。冰桶算法 4.0 针对移动搜索结果广告过多而影响用户体验的页面，进行策略调整。冰桶算法 4.5 主要发力打击 Landing Page 恶劣广告行为。

虽然经过了多次更新，冰桶算法仍不完美，其缺陷主要表现为对广告判定不够准确，有些广告无法检测，有些非广告内容会被误判为广告。

（4）2016 年 8 月天网算法

百度网页搜索发现部分网站存在盗取用户隐私的行为，主要表现为在网页内嵌恶意代码，用于盗取用户的 QQ 号和手机号等信息。百度网页搜索和百度安全联合研发天网算法，针对这种恶意行为进行打击和惩罚。有过盗取用户隐私行为的网站整改后，待策略复查达到标准后可解除惩罚。

（5）2016 年 11 月蓝天算法

新闻源网站在收录和排名上有较高的优先权。因此，有些站长通过购买新闻源网站目录，发布大量地址内容。此举严重违反搜索规则，并影响用户搜索体验，于是百度正式推出了蓝天算法，旨在严厉打击新闻源网站售卖软文、目录的行为。

新闻源网站售卖均在线下进行，如果发布内容质量较好，百度很难发现。因此，高权重网站目录或二级域名买卖仍是有效的 SEO 手段之一。

（6）2017 年 2 月烽火计划

曾经出现假百度网站：在百度上完成一次搜索，点击进入某一网站，当从此网站返回百度时，该网站通过技术手段对返回行为进行了劫持，使用户回到一个与百度一模一样的假百度网站，其中的所有结果都是该网站精心设计的。显然，此类网站通过冒充百度的方式获得网民信任，进行一些不可告人的勾当。百度发布了烽火计划，打击此类搜索页面劫持行为。

（7）2017 年 7 月飓风算法

百度对文章出处的识别能力一直不强。有些网站通过机器批量采集文章，依然能够获得不错的排名。这种识别能力的缺陷造成采集网站横行，影响了原创网站生产高质量内容的积极性，对互联网生态有消极影响。针对这种情况，百度发布了飓风算法，对这类采集网站进行了严肃处理。然而，原创识别一直是百度有待更新的能力。时至今日，采集网站在某些情况下依然可以获得不错的排名。

（8）2017 年 8 月升级 HTTPS 抓取

HTTPS 在安全性上与之前相比有较大提升，百度升级了对 HTTPS 的抓取。此外，百度表示 HTTPS 页面在权重上也有加分。

（9）2017 年 9 月清风算法

对搜索用户来说，标题是一个网页最直观的认知渠道和展现方式，也是吸引用户点击搜索结果进入落地页的关键因素。然而，有些站长通过在标题堆砌关键词提升网站排名；有些站长利用各种颇具创意的标题吸引网友眼球，但网站中并没有对应内容，即标题党；有些虚假网站在首页中标注“官网”，获得某某品牌官网的排名；有些视频网站并不能提供在线观看，却在标题中标注“在线观看”，欺骗用户点击；有些软件下载网站无法提供下载，却在标题中标注“立刻下载”。针对上述这些标题作弊行为，百度发布了清风算法，降低了此类网站的排名。

（10）2017 年 10 月闪电算法

移动互联网使网友的访问时间变得更加碎片化，网页的加载速度会直接影响用户体验。如果一个页面加载时间超过 3 秒，很多人会失去耐心。由此百度发布了闪电算法。移动网页首屏在 2 秒内完成打开的网站，在移动搜索排名中获得一定加权和流量倾斜；移动页面首屏加载非常慢（3 秒及以上），将会被降权；在 2～3 秒之间的，不升不降。

闪电算法使 SEO 人员关注：服务器位置、带宽、性能，数据库优化，HTML 代码，图像优化、压缩，减少请求次数，CDN 和缓存使用等。

（11）2017 年 11 月惊雷算法

用户在搜索引擎上查找问题的答案时，点击的最后一个网页可能解决了用户的问题。根据这个理论，百度在排名算法中添加了用户反馈机制，对于最后一次点击行为较多的网站给予排名优待，而且力度非常大。

根据用户反馈机制，站长可以通过伪造点击的行为提升网站排名，这种方法称为“快排”。为了打击快排，百度发布了惊雷算法。惊雷算法例行产出惩罚数据，对存在点击流量作弊的行为进行惩罚，还对有惩罚记录的网站加以严惩，严重者将长期封禁。

既然可以给自己刷排名，也可以给竞争对手刷。为了防止别人陷害，惊雷算法综合考虑网站质量、历史数据等多维度特征，不只看点击数据。区分真假点击是百度识别快排的核心算法。百度每升级一次识别算法，都有快排公司很快实现破解，然后百度想办法再升级。因此，快排成了百度与站长之间的“猫捉老鼠”游戏。

（12）2018 年 6 月季风算法

熊掌号是百度推出的服务平台，熊掌号可以将网站数据与百度打通。熊掌号在排名上具有优先权。某些网站利用这种优先权发布违规内容，如不具备医疗资质的熊掌号发布医疗内容。为了打击这种违规行为，百度发布了季风算法。季风算法主要针对两个领域：注册领域不是健康领域，也没有医疗资质，却发布医疗内容的领域；不是财经领域，没有财经资质，却发布财经类内容的领域。

（13）2018 年 7 月细雨算法

为了保证搜索用户体验，促进黄页类 B2B 网站生态健康发展，百度发布了细雨算法，命中算法的网站将会受到限制展现的惩罚，具体如下。

- 冒充官方行为：非公司官网，标题中包含“官网”等字样，误导搜索用户认为是官网。
- 堆砌关键词行为：页面标题中堆砌相近关键词以期获得更多搜索流量。
- 特殊符号穿插行为：页面标题中穿插火星文字或特殊符号，影响正常阅读。

- 受益方式穿插行为：页面标题中穿插联系电话等受益方式。
- 正文拼接行为：正文中商品或服务信息内容是乱采集、拼接而成的，排版混乱，用户无法获得商品或服务信息。

由于采集成本较低，通过采集其他网站数据生成网站的行为比较普遍，所以低质网站泛滥，百度面临的形式非常严峻。百度既要满足用户需求，又要扶持优质网站，打击低质网站。因此在百度公布的历次算法中，惩罚性算法占了较大比例。SEO 人员需要注意，运营优质网站才能长久生存。已经有优质网站的 SEO 人员也需要关注百度的惩罚性算法，避免被误伤。

第2章

SEO 技术基础

SEO 是一种低成本或零成本的营销方式，但有别于其他营销方式，要做好 SEO，需要了解和熟悉其技术知识。本章从搜索引擎原理、站内优化、站外优化和防止作弊 4 个维度，介绍 SEO 技术的基础知识。掌握基础知识，对 SEO 思维的深度理解及 SEO 的实践会有很大帮助。

2.1 搜索引擎原理

搜索引擎作为互联网的基础应用，在掌握 SEO 这门技术前，要先了解搜索引擎的原理。

搜索引擎的工作过程基本上可分成 3 个阶段。首先进行爬行抓取，然后进行数据预处理，包括提取文字、中文分词等，最后给予排名输出。

2.1.1 爬行抓取

爬行抓取是搜索引擎工作最重要的一步，指将所有需要抓取的内容抓取回来，因此如果在抓取这步出错了，后面就完全瘫痪了。

当使用搜索引擎进行搜索时，会立刻出现数以万计的网页信息，这个过程是以秒来计算时间的。如果搜索引擎在 1 秒内，将所查询的关键词从数以万亿的互联网信息中心中逐一抓取一遍，是无法实现的。即使效率再高的服务器，也难以支撑这样的信息输入/输出逻辑。

1. 信息收集

平时上网的时候，打开一个网页的时间是 1 秒内，这仅是打开一个网页的时间，搜索引擎在以秒计算时间的情况下，不可能将互联网上的信息都抓取一遍，这不仅耗时，费用也高。因此，搜索引擎较好的方法是提前处理所抓取的网页，从根本上解决这个问题。信息搜集工作是要按照一定规律来进行的，有如下两个特征。

- 批量收集：对互联网上只要存在链接的网页都收集一遍，耗时需要几个星期。缺点是增加了额外的带宽消耗，时效性也不高。
- 增量收集：批量收集的一个技术升级，完美地弥补了批量收集的缺点。在原有的基础上搜集新增加的网页，变更上次收集之后有改变的页面，删除收集重复和不存在的网页。

还有一种比较简单的方法可以使搜索引擎爬行，即网站主动向搜索引擎提交网站，到一定的时间会自动进行爬取。现在网站主动提交后搜索引擎再来爬行的速度越来越慢了，最理想的办法是顺着自然链接收集，所以网站结构简单清晰是非常重要的。

2．蜘蛛的特点

搜索引擎用来爬行网站的程序称为“蜘蛛”，每个搜索引擎的蜘蛛都有一些差异化的特点，具体如下。

（1）百度蜘蛛

百度蜘蛛根据服务器的负载能力调节访问密度，大大降低服务器的服务压力。

（2）谷歌蜘蛛

谷歌蜘蛛属于比较活跃的网站扫描工具，其间隔 28 天左右就派出“蜘蛛”搜索有更新或有修改的网页。与百度蜘蛛最大的不同是，谷歌蜘蛛的爬取深度要比百度蜘蛛深得多。

（3）搜狗蜘蛛

搜狗蜘蛛的爬取速度比较快，但抓取的数量较少。

对于其他搜索引擎的蜘蛛，本书不再赘述。蜘蛛主要通过爬取页面上的链接来发现新的页面，以此类推，不停地十字交叉爬行便形成一张蜘蛛网。

3．爬行的策略

爬行主要按两种策略执行：一是深度优先爬行，二是广度优先爬行。

（1）深度优先爬行

如图 2-1 所示，蜘蛛从 A 页面顺序爬行到 A1、A2、A3、A4 页面，爬行到 A4 页面后发现没有页面了，于是返回 A 页面，以此类推，再爬行到 B1、B2、B3、B4 页面。深度优先爬行的主要特点是蜘蛛会沿着一条线一直抓取下去，直到最后，然后返回，再开始另一条线。

（2）广度优先爬行

广度优先爬行是指蜘蛛在一个页面上发现多个链接时，首先将所有第一层的链接抓取一遍，然后沿着第二层链接向第三层链接爬行，如图 2-2 所示。

归根到底，只要给蜘蛛足够的时间，无论广度优先爬行，还是深度优先爬行，都能爬完整个网站。SEO 的一个基本原则是要给蜘蛛节省宽带和资源，毕竟蜘蛛的资源不是无限的，也有满负载的时候。SEO 人员要做的工作之一就是为蜘蛛指明一条正确的路径，尽量减少蜘蛛的工作强度。

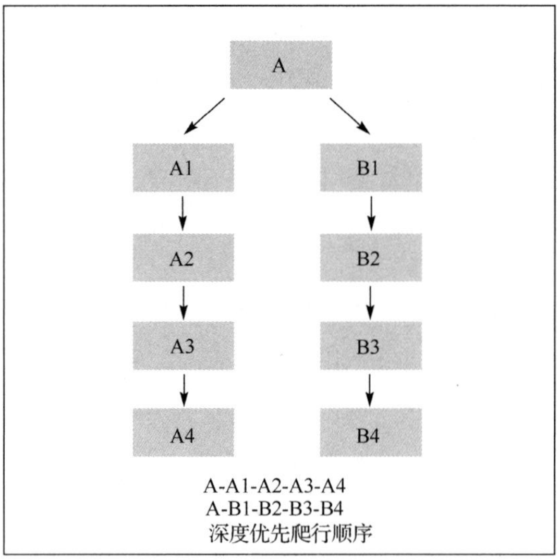

图 2-1

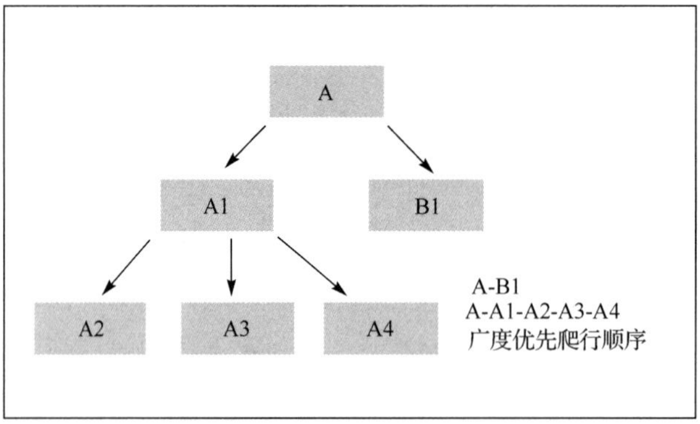

图 2-2

另外，还需注意尽量避免蜘蛛重复爬行数据，造成重复收集的原因是蜘蛛并没有记录访问过的页面 URL，或者一个页面有多个 URL 指向它。

针对这个情况，搜索引擎增加了一个额外的技术，分别定义两个不同类型的表，即已访问表和未访问表，依靠此技术就可以简单地解决重复收集的难题。在蜘蛛抓取到一个链接后，从这两个表中可以判断此链接是否已经被访问过，如果没有被访问过，抓取回来就添加到未访问表中。

如图 2-3 所示，蜘蛛从开始爬行到网页 D、网页 C 或网页 F，顺着链接爬行到网页 G 和网页 A，蜘蛛都会调用两表中的数据，以此来判断爬取网页的重复度。

4．网页信息的重要性

由于互联网的信息实在太多太杂，随着时间的积累不可能将所有的信息都收集起来，所以要尽可能地让蜘蛛收集重要的网页。网页信息的重要性是根据信息价值本身来决定的，因此收集的方式也可以采用不同的策略。

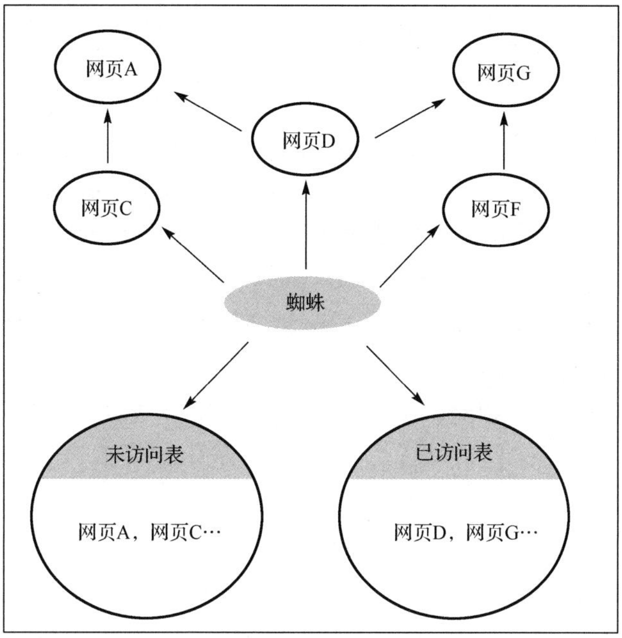

图 2-3

对网页重要程度的判断也有一些方法可循。对于整个网站页面的质量权重度而言，并非网站首页权重越高越好，需要结合全局分配权重。

可从以下 3 点判断一个网页的重要程度。

- 高质量相关链接导入。从外部导入与自身相关度大的链接，可以增加网页权重。
- 信息的新鲜度。一个高质量的网站每天都会更新，用户天天浏览，蜘蛛也会天天来光顾。
- 网页内容的原创性。原创内容越多的网页，重要性越高，原创内容意味着信息的稀缺性，稀缺性对搜索引擎来说，意味着有较大价值。

2.1.2　数据预处理

通过前面的爬行抓取流程，已经把想要的网页全都抓取回来了，下面需要对信息进行分析索引，其中包括了多个处理流程。与爬行抓取一样，数据预处理也是在后台系统中提前完成的。

1. 关键词提取

搜索引擎完全能识别的依旧是以文字内容为主的信息。蜘蛛在爬行一个页面时，先将 HTML 网页抓取下来，删除对排名没有意义的标签和代码，如 JavaScript、CSS、div 标签等，只保留文本信息。

2. 删除停用词

同一个词可能在一个网页中出现多次，如“得”“的”“地”“啊”“阿”“呀”“却”

“再”“从而”之类的无用词，反复出现没有价值，这类词称为停用词，也需要删除。

3．分词技术

分词是中文搜索引擎特有的技术。中文信息和英文信息的差别在于：英文单词与单词之间使用空格分隔，但这对中文行不通。搜索引擎必须将整个中文句子切割成多个小单元词，如“SEO 是网络营销必备的流量增长策略”拆分出来的形态是“SEO”“是”“网络”“营销”“必备”“的”“流量”“增长”“策略”。分词技术的效率直接影响整个系统的效率。

分词的方法有两种：基于字符串匹配的分词方法和基于统计的分词方法。

（1）基于字符串匹配的分词方法

按匹配方向的不同，可分为正向匹配、逆向匹配和最少切词。这三种方法可以混合使用，即正向最大匹配、逆向最大匹配、正向最小匹配和逆向最小匹配。

① 正向最大匹配

假设字典中最长的词语字数为 *m*，先根据标点符号及特征词将句子切分为短语，取短语的前 *m* 个字，在字典中查找是否存在这个词，如果存在，就输出这个词，并以短语中删除这个词；如果不存在，就删除这 *m* 个字的最后一个字。然后检查剩下的是否为单字，若是则输出此字并将此字从短语中删除，若否则继续判断字典中是否存在这个词，如此反复循环，直到输出一个词，此后继续取剩余短语的前 *m* 个字反复循环。这样就可以将一个短语分成词语的组合了。

小例子

“我是一个美人”

以“我是一个美人”为例，假设字典中最长词语字数为 3，正向最大匹配顺序如下：

- 取出短语“我是一”，检查“我是一”是否在字典中存在或为一个单字，处理方法是删除最后面的“一”字；
- 检查短语“我是”是否在字典中存在或为一个单字，处理方法是删除“是”字；
- 检查“我”字是否在字典中存在或为一个单字，“我”是一个单字，将“我”字输出；
- 继续取出短语“是一个”，检查“是一个”是否在字典中存在或为一个单字，处理方法是删除最后面的“个”字；
- 检查短语“是一”是否在字典中存在或为一个单字，处理方法是删除“一”字；
- 检查“是”字是否在字典中存在或为一个单字，“是”是一个单字，将“是”字输出；
- 取出短语“一个美”，检查“一个美”是否在字典中存在或为一个单字，处理方法是删除最后面的“美”字；
- 检查短语“一个”，发现是字典中的一个词，直接输出；
- 检查短语“美人”，发现是字典中的一个词，直接输出；
- 最后输出结果为：我/是/一个/美人。

② 逆向最大匹配

逆向最大匹配是从句子结尾处进行分词的方法。逆向最大匹配技术最大的一个作用是消歧。例如，“吕令建周末去了汤河口镇钓鱼”，按照正向最大匹配结果为：吕/令建/去/了/汤/河口镇/钓鱼，显然产生了歧义，汤河口镇是一个地名，没有被正确地切分。采用逆向最大匹配的技术可以修正这个错误。例如，一个分词节点大小为 8，“去了汤河口镇钓鱼”中显然“去了”被分出来，剩下“汤河口镇钓鱼”，歧义就被消除了。

③ 正向最小匹配/逆向最小匹配

这两种方式一般很少使用，但在实际使用中逆向匹配的精准度要高于正向匹配。

（2）基于统计的分词方法

基于统计的分词方法直接调用分词字典中的若干词进行匹配，同时使用统计技术识别新的词语，将所有的统计结果匹配起来发挥切词的最高效率。

分词字典基本上收录了汉语字典当中所有的词语，是搜索引擎判断词语的依据。例如，在搜索引擎中输入“我要减肥了”，“减肥”两字就会被判定为一个词语。现在网络上经常会出现一些新造的网络流行词语，如“神马”“犀利哥”等，这样的词都会慢慢地被收录。分词字典只有不断更新，才能满足日常搜索判断的需求。

4．消除噪声

网页上有形形色色的广告文字、广告图像、登录框、版权等信息，为了某些目的不得不放上去，这些对搜索引擎来说是无用的信息，可以直接删除。图 2-4 所示为去哪儿网版权信息模块，对搜索引擎而言属于噪声元素。

图 2-4

5．分析网页建立倒排文件

（1）正向索引

经过前面几个步骤后，就可以开始提取关键词了，将页面转换为一个关键词组合，同时记录每个关键词在页面上的出现频率、格式和位置，这样每个页面都可以记录为一串关键词组合，其中每个关键词的出现频率、格式和位置等权重信息也都记录在案，简化的索引词表结构如图 2-5 所示。

（2）倒排索引

正向索引不能直接用于排名。例如，用户搜索关键词 3，如果只正向索引，排名程序需要扫描所有索引中的文件，找出包含关键词 3 的文件，再进行相关计算。这样做计算无法实时返回排名结果。因此，搜索引擎会将正向索引数据库重新构造为倒排索引，倒排索引以关键词为索引，词表结构如图 2-6 所示。

文件ID	内容
文件1	关键词1，关键词2，关键词8，…，关键词X
文件2	关键词1，关键词80，关键词9，…，关键词X
文件3	关键词3，关键词4，关键词68，…，关键词X
文件X	关键词3，关键词5，关键词80，…，关键词X

图 2-5

关键词ID	内容
关键词1	文件1，文件2，文件8，…，文件X
关键词2	文件1，文件80，文件9，…，文件X
关键词3	文件3，文件4，文件68，…，文件X
关键词X	文件3，文件5，文件80，…，文件X

图 2-6

6. 链接关系计算

链接关系计算是数据预处理中重要的一步。主流的搜索引擎排名因素包含网页之间的链接流信息。事先必须计算页面上有哪些链接指向哪些其他页面，每个页面有哪些导入链接，使用了如锚文本等何种链接方式，谷歌 PR 是这种链接关系计算的重要代表之一。

7. 特殊文件处理

搜索引擎可以抓取和索引以文字为基础的多种文件类型。而特殊文件包括动画、视频、PPT、表格、图像等非文字内容。搜索引擎不能执行脚本和抓取程序，因为搜索引擎目前还无法获取特殊文件中的文字信息。对图像来说，一般推荐使用 alt 标签向搜索引擎传达图像信息。

2.1.3 给予排名

经过前面的爬行抓取和数据预处理后，搜索引擎已经存储了较为丰富的数据，而且已经记录了重要关键词的集合，即正向索引和倒排索引中的关键词集合，为每个关键词赋予特殊的编码形成了一个倒排文件。输入一个关键词可以马上从相关文档编号中找到所需的信息。

用户输入某个关键词，如“减肥”，查找的出发点还是比较模糊的，究竟是寻找减肥方法还是减肥教练，这些信息并不明确，但这是大部分用户的一个习惯。搜索引擎的处理方法是尽量将出现“减肥”二字的词都调用出来，可能多达几百页。排名靠前的网页，用户点击越多。

搜索引擎为了提升用户体验，其结果的展示形式不断演变，从以前单一的列表式，演变出图文式、全站链接式、卡片式及知识图谱式等。SEO 的工作内容除了创造具有吸引力的标题，还需要提供精美的图像，为多样的展示形式提供条件。图 2-6 所示为不同样式的效果。

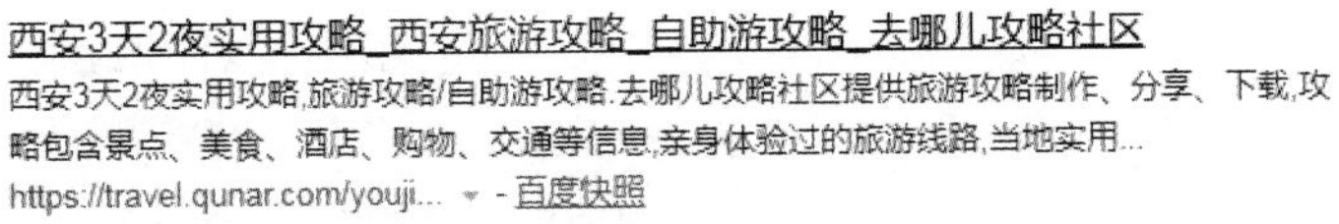

(a)列表式

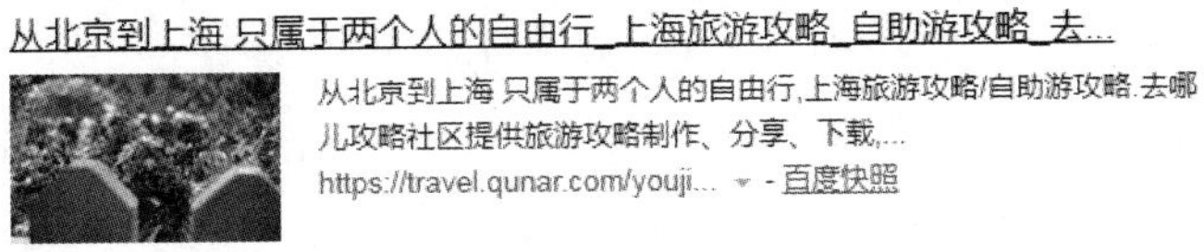

(b)图文式

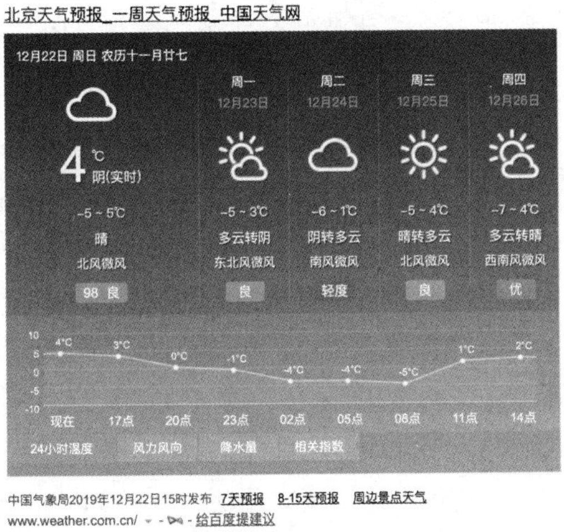

(c)卡片式

(d)知识图谱式

图 2-6

2.2　站内优化

站内优化是 SEO 人员的重要工作之一，是网站具备良好排名的重要基础。站内优化不仅对排名起着非常重要的作用，而且直接影响用户的体验。用户体验良好的网站，能提高用户的黏性，同时有利于提高用户的转化率，从而进一步提升排名和权重的稳定性。

站内优化主要包括结构优化、体验优化、内容优化和代码优化等。本章主要介绍常用的站内优化原则，并加入了最新的移动端优化技术，读者可以根据网站实际运营情况加以对比和分析，查看是否还有提升的空间。

2.2.1 结构优化

1. 域名与服务器

域名是用户对网站的第一印象，能否让用户迅速记住域名对网站来说非常重要。注册一个简短易记、与品牌相关的域名有利于提升回访率。一个好域名相当于拥有了一个好的交通要道，“.com”“.cn”“.net”等常见域名有利于用户记忆和产生信任感，不常见的域名会增加用户的判断成本。

目前在国内，便于记忆的域名一般以拼音或拼音的简称为主，如 jd.com。

便于记忆的域名：百度（baidu.com）、猎河（liehe.com）、淘宝（taobao.com）等。

较难记忆的域名：东方财富（eastmoney.com）、太平洋亲子网（PCbaby.com）等。

注意，服务器、空间的速度和稳定性也直接影响用户体验，影响搜索引擎的抓取。建议选择服务器稳定、速度快的服务商，同时需要保证服务器和网站程序不会屏蔽搜索引擎的抓取行为。

2. 机器可读

搜索引擎只能抓取 HTML 中的文本内容，对于 JavaScript、Ajax、iframe、动画及图像中的文字内容暂时无法处理。如果网站主体内容是由这些技术实现的，对搜索引擎来说就是一个空白页面，即没有任何内容，很难参与排名。但现实情况是很多网站的程序员非常乐于使用这种技术，可能因为他们认为这样显得网站很美观。

下面介绍几种不利于搜索引擎抓取和给予网站排名的技术。

（1）JavaScript

JavaScript 用来给 HTML 网页增加动态功能，对提升访问速度有促进作用。JavaScript 被很多网站使用，特别是对于时效性要求较高的网站应用更加普及，如机票、酒店预订网站等。

（2）Ajax

Ajax 是一种在无须重新加载整个网页的情况下，更新部分网页的技术。Ajax 使网站程序更小、更快、更友好，但也影响了搜索引擎抓取，搜索引擎往往只能抓取到网页的一小部分。

（3）iframe

iframe 是一个框架，里面嵌套了另一个页面的内容，iframe 方便对网页内容进行更新，但搜索引擎无法抓取 iframe 中的内容。

（4）动画和图像

动画和图像可以增强网站的视觉效果，但搜索引擎对于动画和图像的内容无法理解，因此网站的重要内容应尽量使用文字表达。

上述技术造成了用户体验与搜索引擎抓取的矛盾。正确的做法是在不影响用户体验的情况下，减少应用上述技术，或使用其他方案代替。例如，现在的 HTML5，被描述为下一代的 HTML，具有非常丰富的 Web 内容，可以使网页既符合搜索引擎的抓取要求，同时兼顾网站的美观效果。如果必须使用，可以提供一个搜索引擎版本的页面供蜘蛛抓取。

3．网站结构

树状结构是最利于 SEO 的网站结构类型。树状结构通常分为三个层次：首页—频道页—内容页，如图 2-7 所示。这种结构像一棵大树一样，先有一个树干（首页），然后有树枝（频道页），最后有树叶（内容页）。树状结构扩展性强，当网站内容变多时，可以通过细分树枝来轻松应对。理想的树状结构应尽量扁平，从首页到内容页的层级尽量少，方便搜索引擎抓取。同时，网站也应采用网状结构，即网站上的每个页面都应该有指向上下级及相关内容的链接，这样既有利于搜索引擎分析网页关系，也有利于权重互相传递。

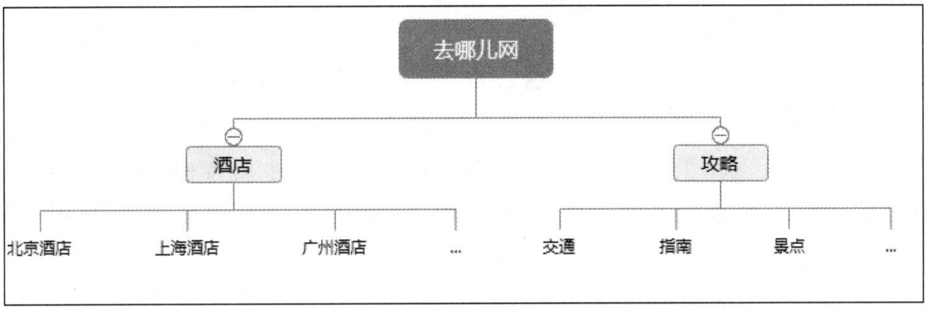

图 2-7

4．URL 优化

URL 优化需要遵循一些原则，采用以下方法，网页的用户体验更佳，同时对搜索引擎更友好。

（1）URL 越短越好

对于搜索引擎来说，只要 URL 不超过 265Byte，收录就没有问题。如果使用几百个字母的 URL，用户看起来相当费事。另外，短 URL 利于传播，做链接时，短 URL 的复制简单，长 URL 的复制稍微烦琐，有时还不能完整复制下来，容易出现 404 错误。

（2）避免太多参数

尽可能地使用静态 URL。如果技术上不能实现静态 URL，那么动态 URL 必须减少参数。一般建议 2～3 个参数，参数多不利于用户体验，也不利于搜索，有可能造成收录问题。

（3）目录层次尽量少

目录层次越少越好，如“www.liehe.com/news/”。分层数越多，目录层次必然增多。尤其是静态 URL，应尽量使用比较少的目录层次，搜索引擎更喜欢短 URL。

（4）文件及目录名与内容具有相关性

对英文网站来说，目录及文件名应具备一定的描述性，使用户知道这个 URL 大致是一个什么内容的网页，如“www.liehe.com/news”，一看就知道是与新闻相关的网页。

（5）URL 包含关键词

URL 包含关键词也能提高相关性，在排名中占一定的分值。关键词出现得越靠前越好，如做 SEO 的网站，在域名或 URL 中包含“SEO”有利于“SEO”这个关键词的排名。但注意不要为了 SEO 而堆砌关键词。

（6）URL 字母全部小写

小写字母方便人工输入，不会因大小写字母掺杂而出错。注意，有的服务器区分大小写字母，如 Linux 系统服务器。搜索引擎被设计出来是为了更好地为人服务，因此将人操作的行为变得越简单就是好的优化手段。

（7）连词符的使用

连词符一般建议使用“-”，如“健康减肥 - 减肥效果”，尽量不要使用下画线或其他奇怪的字符。

（8）井号（#）的运用

URL 出现井号的例子：http://www.example.com/index.html#print

在井号后面添加参数不代表一个新的页面，只代表当前页面的一个指定位置。如果页面比较长，井号可以帮助用户快速找到当前页面中的某个内容模块。因为通过井号前面的 URL 即可抓取完整的页面，所以搜索引擎遇到井号时会做截断处理，不抓取井号后的内容。

合理运用井号可以解决重复页面的问题。如果页面的参数经常发生变化，但页面内容基本相同，如酒店预订页面 URL 地址会随着预订日期产生变化，处理不好这种 URL 变化，就会造成大量的重复页面，分散页面权重，而将预订日期参数放在井号后就解决了这个问题。

例如，去哪儿网酒店预订地址：

http://hotel.qunar.com/city/beijing_city/#fromDate=2018-10-21

注意，此处井号如果改为问号，会被搜索引擎当成新的页面，造成重复页面问题。

（9）子域名与子目录

子域名：bj.58.com

子目录：www.58.com/bj/

子域名的优点是权重比子目录高，在排名上占有一定优势，缺点是搜索引擎的考核期会比子目录长。使用子域名时，必须做到子域名下内容丰富。如果子域名下只有一个页面，且子域名众多，可能会被搜索引擎判定为滥用子域名。

（10）URL 导致的重复页面

搜索引擎通过 URL 地址区分独立页面。理想情况下，一个页面应只能通过一个地址访问。如果一个页面可以通过多个 URL 访问，就造成了重复页面，重复页面会分散页面权重，影响排名。

小例子

www.liehe.com

以www.liehe.com为例，常见的由 URL 导致重复页面的情况如下。

文件类型式：www.liehe.com/index.html

统计参数式：www.liehe.com/?bdsource=abc

翻页式：www.liehe.com/1.html

时间参数式：www.liehe.com/?hotel-checkin=2025-06-09&checkout=2025-06-10

5．链接优化

链接优化包括站内链接优化和站外链接优化等，链接对 SEO 的主要作用包括提升相关页面的抓取率、权重和用户体验。

（1）单向链接

若 A 网页链接了 B 网页，而 B 网页没有链接回 A 网页，则称为单项链接。单项链接的基本要求是网页本身有很高的权威性，这样别人会主动来为之做链接。这类网页一般都知名度较高，有很高的人气。

积累到一定程度后，会发现自己的单向链接越来越多，反链效果也越来越明显了。单向链接越多，搜索引擎认为这个页面的权威和重要性越高，因此 SEO 人员可以尽可能地多做单向链接以提升页面权重，这是一个常用的策略。

（2）链接内容相关性

一个高质量的链接敌得过 3 个不相关的链接。如图 2-8 所示，网页的内容是劳力士手表，而它的相关文章都是有关手表的，这就是一个高度相关性的链接推荐模块。相关链接在增加用户访问深度的同时，也改变了网页权重的全局导向。内容的相关程度在某些时候只能靠外链建设人员的常识和直觉来判断。

相关文章

- 18K金劳力士手表表壳的印记
- 怎样鉴别劳力士K金手表表带节是否为原装的
- 冒牌假表的典型特征之一 乱写标识

相关文章

- 鉴别改装劳力士手表的一个实例
- 劳力士手表的证书和它的真伪特征
- 金壳金带款“问题”劳力士手表的外观纰漏

图 2-8

（3）锚文字链接

锚文字是指超链接的文字部分，锚文字在优化上起着一个核心关键词导向的作用。

例如，SEO 人员要提升网站首页“SEO”这个关键词的百度排名，无论站外还是站内，通过大量部署“SEO”的锚文字链接指向网站的首页，都可以让首页关键词“SEO”获得定向的关键词权重，从而提升排名。

（4）链接位置优化

在页脚、左侧和右侧导航中的广告位置及友情链接位置都是比较常见的链接位置，通常外链或内链的优化，都会在网站首页底部设计友情链接模块或相关推荐模块。图 2-9 所示为去哪儿网首页底部相关推荐模块。

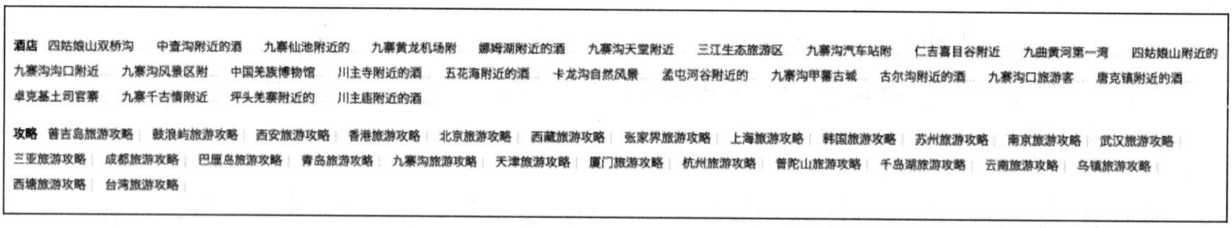

图 2-9

（5）导出链接数量

一般来说页面中导出链接数量越多，每个链接分到的权重越低，因此要注意控制导出链接的数量。尤其是网站的首页，导给站内页面的入口会非常多，建议对不重要的页面通过 nofollow 标签进行优化，或减少对不重要模块的设计。

（6）物理链接结构优化

物理链接是指存放静态文件的服务器目录结构，如果网站没有静态文件，就没有实际的物理文件结构，优化的方法主要通过 URL 自身。物理链接的结构优化可以参考如下原则。

- 首页链接所有的频道首页。
- 首页一般不直接链接内容页，除非需要推广的几个特殊页面。
- 所有频道首页都链接其他频道首页。
- 频道首页都链接回网站首页。
- 频道首页链接属于自己频道的内容页。
- 频道首页一般不链接属于其他频道的内容页。
- 所有内容页都链接网站首页。
- 所有内容页都链接自己的上一级频道首页。
- 内容页可以链接同一个频道的其他内容页。
- 内容页一般不链接其他频道的内容页。
- 内容页在某些情况下，可以用适当的关键词链接其他频道的内容页。
- 频道划分不同的分主题。

（7）JavaScript 链接

搜索引擎只能抓取<a>标签中的链接，暂时无法抓取 JavaScript 链接。为了让蜘蛛顺利爬行，应当尽量避免使用 JavaScript 链接。如果必须使用，需要提供其他替代方案。

<a>标签链接示例： <a href= " https://www.liehe.com " >猎河<a>

6．导航优化

网站导航主题主要引导用户访问指定的网站菜单、栏目、内容等。一个合理的网站导航也是权重互传的重要途径。导航结构越清晰，越有利于用户在短时间内找到自己喜欢的内容。

（1）导航结构

导航结构有以下 3 方面的作用。

① 引导用户访问指定页面

全局导航、分类导航、辅助导航都可以达到此目的。

② 理清内容与链接间的关系

即对网站内容的一个索引和理解，最常见的应用是网站地图和内容索引表，展示了整个网站的目录信息，帮助用户快速找到相应的内容。

③ 告诉用户所在的网页位置

在面包屑导航中得到了充分的体现，它帮助用户识别当前浏览的页面与网站整体内容之间的关系，以及与网站中其他内容的联系和区别。

（2）导航结构优化

导航结构优化包括以下 4 种方法。

① 全局导航一定要清晰、醒目

全局导航一般体现为一级目录，通过全局导航，用户和蜘蛛都可以深入访问到网站所有的重要内容，主导航上面的栏目采用文本链接来指引。

② 网站导航需用文字做超链接

为了美观采用动画按钮或图像做链接，并不是一个友好的解决方案，因为这些链接很难被搜索引擎蜘蛛程序发现，而且在某些特殊情况下，会出现图像加载速度慢显示不出来、动画被阻止等情况。因此网站导航需用文本做链接。

③ 建立面包屑导航

面包屑导航可以使用户对自己访问的页面与栏目页面、首页之间的层次结构关系一目了然。赶集网的面包屑导航如图 2-10 所示。

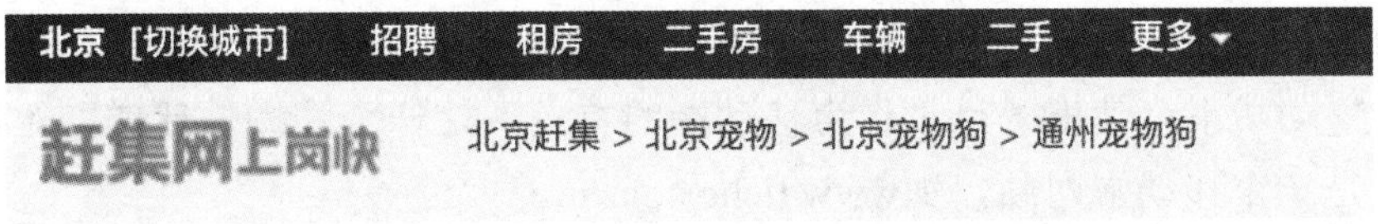

图 2-10

④ 重要内容尽量出现在首页

除了主栏目，还应该将次级目录中的重要内容以链接的方式在首页或其他子页面中多次呈现，以突出重点，搜索引擎也会给予更多的权重。

搜索引擎对这种站内多次出现的链接非常重视，对网页权重的提高有很大帮助，这也是每个网站首页的网页级别一般高于其他页面级别的重要因素，因为每个子页面都对首页进行了链接。

（3）导航结构的注意事项

导航结构的合理优化可提升权重。对于导航结构，需要注意以下几点。

- 导航结构清晰明了，增加全局权重。
- 超链接使用文本链接，利于用户体验，也利于蜘蛛爬行。
- 各个页面要有相关链接，以增加用户的访问深度，加强权重的有效流动。
- 每个页面的超链接数量尽量不要超过 100 个，若太多则权重分散。
- URL 尽量采用静态地址，如某些因素不能实现，尽量采用伪静态地址。
- 合理利用 description、title 等标签分布关键词的密度。
- 网站内容需原创。
- 与自己网站定位相符的网站做友情链接，达到外链的最大功效。

7．移动端优化

随着移动互联网时代的发展，互联网生活的便利性得到了质的提升，主要源于智能手机的兴起，现实生活中人们几乎离不开智能手机了。

据相关权威部门统计，PC 端的阅读时间大大降低，而看手机的时间占比越来越大。有需求就有商业价值，作为 SEO 人员自然不能放过机会，移动端的 SEO 显得更加重要。更值一提的是，目前移动搜索的占比越来越大，谁先做好移动端优化，谁就能得到更多的流量。下面重点介绍移动端优化的方法和思维。

（1）基础工作

① 移动域名

选择移动域名有一定的规律可循。根据日常操作经验来看，搜索引擎更喜欢二级域名，如 m.liehe.com、a.m.liehe.com 等，本书推荐类似 m.liehe.com 这种简短清晰的移动域名。

PC 端与移动端网址的对应关系如下。

PC 端：www.liehe.com

移动端：m.liehe.com

对人的第一印象来说容易记忆，也方便输入。

注意，移动端不可使用子目录作为移动端的首页，这样会让蜘蛛迷惑，难以判断这是一个目录还是一个移动端网站，如www.liehe.com/m。

如果新建立移动端网站，推荐使用比较简短一些的 URL，方便用户记忆，也方便蜘蛛爬取；老网站则可以采用和 PC 端同步的网址设计。

小例子

移动端 URL 设计推荐

移动端 URL 设计举例如表 2-1 所示。

表 2-1　移动端 URL 设计举例

页面类型	PC 端	移动端
首页	www.liehe.com	m.liehe.com
频道页	www.liehe.com/news/	m.liehe.com/news/
内容页	www.liehe.com/news/01.html	m.liehe.com/news/01.html

选择移动端 URL 最核心的思想是简短，且与 PC 端目录逻辑一致。同时，尽量减少动态 URL，且不可在 URL 中出现特殊符号，而在移动端中出现中文 URL 是更加不利的，这点应注意。

② HTML5 编码

HTML5 的语义更加简短明确，大大减少了网页字符串，更重要的是减少了对 JavaScript 和动画的依赖，HTML5 还可以实现很多特效。

根据百度提供的一些资料可知，采用 HTML5 布局的移动端，有增加权重的作用，由此可见 HTML5 的各项优势已经非常明显。从另外一个角度来说，SEO 人员主要迎合的对象是搜索引擎，按照搜索引擎的要求工作，可以得到更多的加权。

③ 快速访问

现在处在一个信息爆炸的时代，只要网页在几秒内打不开，就有可能被关掉。搜索引擎也一样，在大量爬取页面时，只要有一个页面打不开，就可能影响蜘蛛的行为。选择一个好的服务器和一个好的宽带是快速访问的关键因素，不能为了节约成本而忽略速度。搜索引擎对网页的打开速度非常重视，对 PC 端和移动端都采用 3 秒打不开页面不参与排名的方案，可见网页打开速度的重要性。

④ title

智能手机的屏幕宽度有限，再加上互联网信息爆炸，一篇文章想让网民青睐，title（标题）是关键因素，其基本原则是将最重要的信息放在前面。

通常，模仿大型网站的布局，就能找到最好的优化方式，同时要结合自己网站的特点。去哪儿网移动端的 title 布局如图 2-11 所示。去哪儿网是大型网站，从其 title 布局来看，确实做到了要素简短扼要，将重要的信息都放在最左边，使用户明确知道此网页的主题。

推荐的移动端 title 布局如下。

- 首页：网站名称_核心描述。
- 频道页：频道名称_网站名称。
- 内容页：文章标题_网站名称。

title 很重要，关系到打开率和品牌传达。精准的标题方便用户查阅，也方便蜘蛛爬取。

⑤ 移动端网站的结构

移动端网站的结构大致可分为两种：树状结构和网状结构。

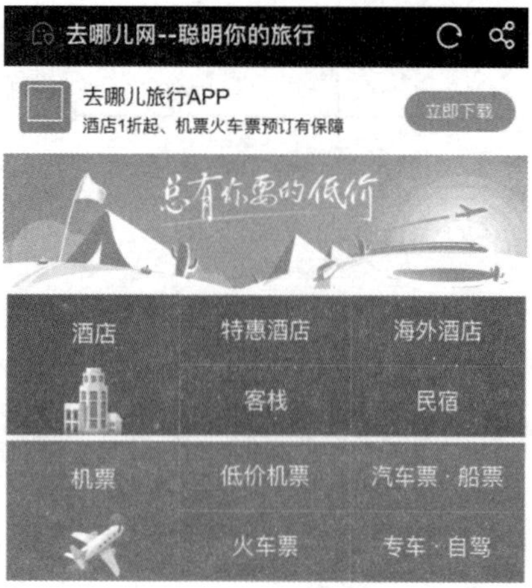

(a)去哪儿网移动端首页 title

(b)去哪儿网移动端酒店频道页 title

(c)去哪儿网移动端内容页 title

图 2-11

● 树状结构

一个好的网站结构可以让蜘蛛更好地爬取整个网站，在 PC 端优化中常采用树状结构。移动端网站也可以采用树状结构，如图 2-12 所示。

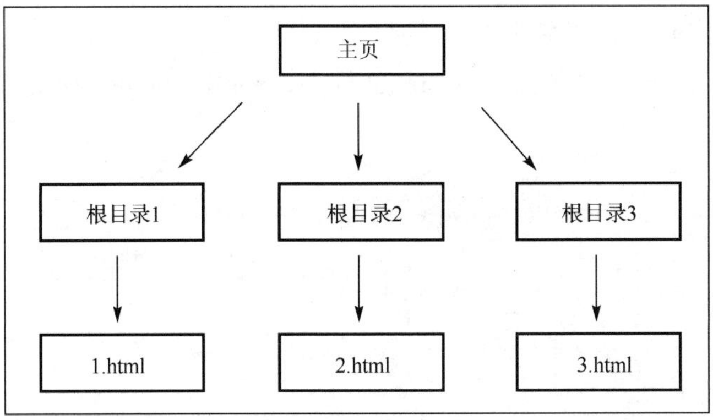

图 2-12

注意，树状结构目录层级不可超过 3 级。此时很多 PC 端的优化手法同样适合移动端优化。移动端目录层级应尽量少，如 m.liehe.com/xuexi，最好只有一个目录。如果网站内容较多，可以衍生一个子目录。

移动端网站推荐的树状结构为首页—频道页—内容页。

● 网状结构

移动端网站要做到每个页面都可以链接上一层页面，或者链接下一层页面。从首页到频道页或到内容页，再到页面与页面之间的链接，都应该有合理的结构链接，这样蜘蛛可以爬取整个网站页面。此时与 PC 端的链接结构是一样的。

（2）移动适配

移动端优化最重要的工作是适配，让蜘蛛快速明白网站的移动方向，从而快速收录，以获得良好的排名。

适配过的页面和未适配过的页面排名有很大区别，下面重点介绍 3 种适配方案。

① 跳转适配

跳转适配是指在访问时检测用户使用的设备和浏览器属性，使用 HTTP 重定向到指定的设备页面，可简单理解为针对每种设备专门设计符合浏览体验的页面，然后进行跳转，产生的跳转网址都不一样。

跳转适配的优点是可专门针对移动端网站优化，即单独进行页面优化和网站结构优化。其缺点是可能增加开发成本，因此要根据实际情况而定。

为了让蜘蛛更容易发现移动端 URL，可以在网页源代码中加入以下代码。

PC 端：<link rel="alternate" media="only screen and （max-width: 640px）" href="http://m.liehe.com" >

移动端：<link rel="canonical"href="https://www.liehe.com" >

站长网的代码标注如图 2-13 所示。

② 代码适配

代码适配是指采用相同的网址，根据用户不同的浏览器和不同的设备类型生成不同的 HTML 代码。代码适配唯一的缺点是需要为不同的设备创建不同的页面编程，额外增加大量工作，但在性能展示上能发挥其最大效用。

代码适配的优化工作主要包括 Vary HTTP 标头、applicable-device 标签和自适应。

```
<head>
    <meta charset="UTF-8">
    <meta http-equiv="x-ua-compatible" content="IE=edge">
    <meta name="viewport" charset="width=device-width,initial-scale=1">
    <title>A5创业网 - 互联网创业者必看的网站 关注站长、电商、科技</title>
    <meta name="author" content="A5创业网"/>
    <meta name="keywords" content="创业资讯、创业新闻、创业学院、创业平台、站长网站、站长之家、站长信
    <meta name="description" content="A5创业网是国内领先的创业资讯和服务平台，提供权威的创业资讯和精
    <meta name="Copyright" content="A5创业网版权所有" />
    <meta name="applicable-device" content="pc">
    <link rel="alternate" media="only screen and (max-width: 640px)" href="http://m.admin5.com/" >
    <meta name="mobile-agent" content="format=html5;url=http://m.admin5.com/" />
    <meta name="mobile-agent" content="format=xhtml;url=http://m.admin5.com/" />
    <meta http-equiv="Cache-Control" content="no-transform " />
    <link rel="stylesheet" href="http://img.admin5.com/templates/default/a5start/css/reset.css">
    <link rel="stylesheet" href="http://img.admin5.com/templates/default/a5start/css/home.css">
    <script type="text/javascript" src="http://img.admin5.com/templates/default/a5start/js/wxHide.js"
    <script src="http://apps.bdimg.com/libs/jquery/2.1.4/jquery.min.js"></script>
    <script src="http://img.admin5.com/js/config.js"></script>
    <script src="http://img.admin5.com/js/lib/jquery.cookie.js"></script>
```

(a)站长网 PC 端代码标注

```
<!DOCTYPE html>
<html lang="zh-CN">
<head>
    <meta http-equiv="Content-Type" content="text/html; charset=utf-8">
    <meta http-equiv="X-UA-Compatible" content="IE=edge">
    <meta http-equiv="Cache-Control" content="no-cache">
    <meta name="viewport" content="width=device-width, initial-scale=1.0, maximum-
    <meta name="MobileOptimized" content="240">
    <title>A5创业网 - 互联网创业者必看的网站 关注站长、电商、科技</title>
    <meta name="keywords" content="创业资讯、创业新闻、创业学院、创业平台、站长网
    <meta name="description" content="A5创业网是国内领先的创业资讯和服务平台，提供
    <meta name="applicable-device" content="mobile">
    <link rel="canonical" href="http://www.admin5.com/">
    <link rel=stylesheet href="http://m.admin5.com/static/css/base.css">
    <link rel=stylesheet href="http://apps.bdimg.com/libs/bootstrap/3.3.4/css/boot
    <link rel=stylesheet href="http://m.admin5.com/static/css/bootstrap-responsive.
    <link rel=stylesheet href="http://m.admin5.com/static/css/public.css">
    <link rel=stylesheet href="http://m.admin5.com/static/css/main.css">
    <link rel=stylesheet href="http://m.admin5.com/static/css/media.css">
    <link rel=stylesheet href="http://m.admin5.com/static/css/reset.css">
    <script type=text/javascript src="http://apps.bdimg.com/libs/jquery/1.8.2/jque
```

(b)站长网移动端代码标注

图 2-13

- Vary HTTP 标头

Vary HTTP 标头的主要作用是告诉搜索引擎，此网站采用代码适配的机制，从而使搜索引擎能快速对网站进行适配。只要是适配好的网站，搜索引擎就能根据不同浏览器的用户属性，展示最优的浏览页面。图 2-14 所示为 Vary HTTP 标头的抓取示意图。

```
GET /page-1 HTTP/1.1
Host: www.example.com
(...rest of HTTP request headers...)

HTTP/1.1 200 OK
Content-Type: text/html
Vary: User-Agent
Content-Length: 5710
(... rest of HTTP response headers...)
```

图 2-14

- applicable-device 标签

applicable-device 标签的主要作用是告诉蜘蛛该网页的性质，即该网页适合在 PC 端浏览，还是适合在移动端浏览，以减少蜘蛛的工作量，加大爬取的数量。

代码放在<head>与</head>中间，规则和对应关系如下。

PC 端网页代码：<meta name="applicable-device"content="PC">

移动端网页代码：<meta name="applicable-device"content="mobile">

自适应网页代码：<meta name="applicable-device"content="PC,mobile">

新浪新闻频道的 applicable-device 标签布局如图 2-15 所示。

```
<html>
<head>
<meta http-equiv="Content-type" content="text/html; charset=utf-8" />
<title>新闻中心首页_新浪网</title>
<meta name="keywords" content="新闻,时事,时政,国际,国内,社会,法治,聚焦,评论,文化,教育,新视点,深度,网评,专题,环球,传播,论坛,
图片,军事,焦点,排行,环保,校园,法治,奇闻,真情">
<meta name="description" content="新浪网新闻中心是新浪网最重要的频道之一，24小时滚动报道国内、国际及社会新闻。每日编发新闻数以
万计。">
<meta name="robots" content="noarchive">
<meta name="Baiduspider" content="noarchive">
<meta http-equiv="Cache-Control" content="no-transform">
<meta http-equiv="Cache-Control" content="no-siteapp">
<meta name="applicable-device" content="pc,mobile">
<meta name="MobileOptimized" content="width">
<meta name="HandheldFriendly" content="true">
<meta content="always" name="referrer">
<link rel="mask-icon" sizes="any" href="//www.sina.com.cn/favicon.svg" color="red">
<link rel="alternate" type="application/rss+xml" href="http://rss.sina.com.cn/news/marquee/ddt.xml" title="新闻中
心_新浪网" />
<meta content="always" name="referrer">
<meta name="stencil" content="PGLS000023" />
<meta name="publishid" content="1,912,1" />
<meta name="verify-v1" content="6HtwmypggdgP1NLw7NOuQBI2TW8+CfkYCoyeB8IDbn8=" />
<meta name="msvalidate.01" content="0EBC6AF737F6405C0F32D73B4AA6A640" />
<meta name="apple-mobile-web-app-status-bar-style" content="black">
<meta name="viewport" content="width=device-width, initial-scale=1.0, minimum-scale=1.0, maximum-scale=1.0,
user-scalable=no"/>
<link rel="apple-touch-icon" href="//i0.sinaimg.cn/dy/news3.png" />
```

图 2-15

- 自适应

自适应是指访问同一个网址，读取相同的 HTML 代码，根据屏幕尺寸进行调整以达到各个设备最优的浏览体验。自适应的优点是不再考虑各个设备的特点，只根据屏幕的尺寸进行调整，可简单理解为网页处于一个百分比的相对延伸状态；缺点是开发代码的成本比较高，上线时间稍长。

自适应除页面 HTML 的代码优化外，还需要在 head 处添加<picture>标签和 applicable-device 标签。

<picture>标签采用可声明式的方式加载图像，网页开发者不必一定使用 CSS 和 JavaScript 处理响应式的图像加载，优点是可以很好地提高加载速度，尤其在移动端网络状态不佳时。<picture>标签形式如下。

<meta name="viewport" content="width=device-width, initial-scale=1.0">

自适应页面还需要加入 PC 端和移动端共同浏览的标签如下。

<meta name="applicable-device"content="PC,mobile">

无论选择哪种适配方式，都有优缺点，需要综合考虑并根据自己网站实际情况进行选择。

③提交移动端网站

完成了移动端网站，还必须了解如何将其高效地提交给搜索引擎。下面以百度站长平台提交移动端网端为例进行介绍。

● 站点管理提交

在百度站长平台的站点管理选项卡中，可以添加移动端网站和 PC 端网站，如图 2-16 所示。

图 2-16

除能提交独立移动端网站外，还能添加自适应网站和代码适配网站，如图 2-17 所示。

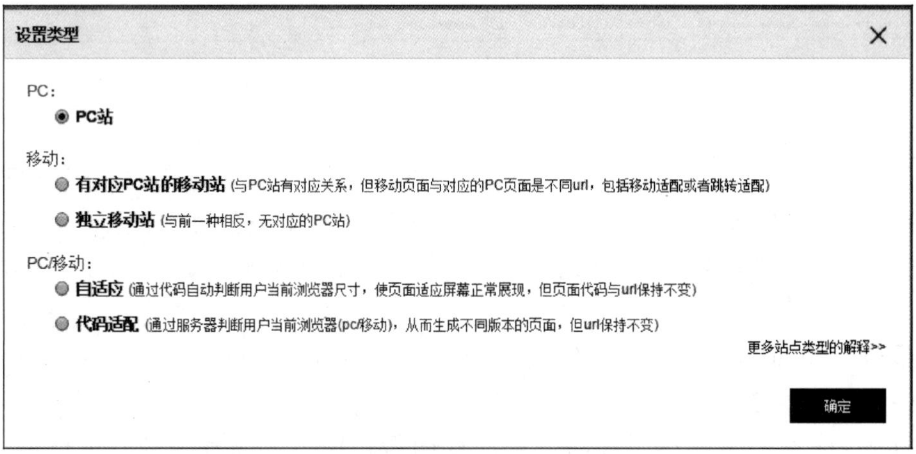

图 2-17

● 添加适配关系

打开百度站长平台，先选择移动适配工具，再选择要适配的 PC 端网站，添加适配关系。适配网址的方式有规范适配和 URL 适配两种。

规则适配是指 PC 端地址和移动端地址存在相同点。例如，PC 端地址为 www.liehe.com/01/123.html，移动端地址为 m.liehe.com/01/123.html，从整体看几乎一样，都在 01 目录下，文件名都是 123.html，完全能对应。目前推荐使用此适配方式。

规范适配方案举例如图 2-18 所示。

图 2-18

PC 端地址：https://www.liehe.com.com/（\d+）/（\d+).html

移动端地址：https://www.liehe.com.com/${1}/${2}.html

PC 端地址和移动端地址规范统一对应，然后提交等待校验就可以了，如果校验错误会有相应的提示，根据提示修改即可。

常用的适配参数如下。

纯数字：([0-9]+）或（\d+）。

纯字母：([a-zA-Z]+)，包括字母大小写的情况。

字母+数字：((?:[a-zA-Z]+[0-9]+|[0-9]+[a-zA-Z]+）[a-zA-Z0-9]+）或写成（[a-zA-Z0-9]+)。

URL 适配规则仅在规则适配不能满足现有方案的情况下才考虑使用，将主体内容相同的 PC 端和移动端地址提交给百度，文件格式为每行前后两个 URL，分别为 PC 端地址和移动端地址，中间用空格分隔，一个文件最多可以提交 5 万个 URL，也可以提交多个文件。

8. 网站地图

网站地图有两种形式：HTML 网站地图和 XML 文件。

（1）HTML 网站地图

对于一些必须要有 JavaScript 脚本、动画和图像的网站来说，网站地图是搜索引擎找到网站所有页面的重要途径之一。

若是稍具规模的网站，一个网站地图不可能罗列所有的页面链接，可以只列出最主要部分的链接，如一级分类、二级分类等；还可以将网站地图分成多个，然后由一个页面统一链接。

（2）XML 文件

XML 文件必须是 UTF8 编码格式，此文件列出了所有需要被收录页面的 URL。最简单的网站地图可以是一个纯文本文件，文件中只要一行列一个页面 URL 即可，如图 2-19 所示。

```
<?xml version="1.0" encoding="UTF-8"?>
<rss version="2.0"
    xmlns:content="http://purl.org/rss/1.0/modules/content/"
    xmlns:wfw="http://wellformedweb.org/CommentAPI/"
    xmlns:dc="http://purl.org/dc/elements/1.1/"
    xmlns:atom="http://www.w3.org/2005/Atom"
    xmlns:sy="http://purl.org/rss/1.0/modules/syndication/"
    xmlns:slash="http://purl.org/rss/1.0/modules/slash/"
    >
```

图 2-19

网站地图声明的更新频率对搜索引擎来说只是一个提示，供搜索引擎参考，搜索引擎不保证按照网站地图的更新频率定时抓取。另外，在 robots.txt 文件中声明网站地图的地址有利于搜索引擎快速发现网站地图，如 sitemap:https://www.liehe.com/sitemap.xml。

所有搜索引擎都支持在 robots.txt 文件中放置网站地图。大中型网站提交网站地图通常有较好的效果，可以促进收录增长。

2.2.2　体验优化

2.2.1 节已经给出了一些关于用户体验优化的方法和案例，本节重点介绍网站速度优化、Flash 优化和移动体验优化。

1．网站速度优化

较快的访问速度既可以提升用户体验，也可以提高搜索引擎的抓取效率。提高网站访问速度可以参考以下方法。

（1）资源加载

- 将同类型资源在服务器端压缩合并，减少网络请求次数和资源体积；
- 引用通用资源，充分利用浏览器缓存；
- 使用 CDN 加速，将用户的请求定向到合适的缓存服务器上；
- 非首屏图像类加载，将网络带宽留给首屏请求。

（2）页面渲染

- 将 CSS 样式写在头部样式表中，避免由 CSS 文件网络请求造成的渲染阻塞；
- 将 JavaScript 代码放到文档末尾，或使用异步方式加载，避免 JavaScript 执行阻塞渲染；
- 对非文字元素（如图像、视频）指定宽高，避免浏览器重排重绘。

另外，也需要注意服务器等对网站速度的影响因素。

2．Flash 优化

现在还有很多网站采用 Flash 形式建站，尤其是一些企业官方网站，这样做网站虽然好看，但不利于蜘蛛爬行抓取，这些技术也被称为蜘蛛陷阱。

这种网站的整个首页是一个大的 Flash 文件，搜索引擎在抓取 HTML 代码时只有一个指向 Flash 文件的链接，没有其他文字内容，因此蜘蛛无法读取 Flash 文件中的文字内容和链接，也无法判断其相关性。解决方法是在 HTML 页面中增加一个通往 HTML 版本的链接，这个链接应在 Flash 文件之外的 HTML 代码中，蜘蛛可以跟踪这个链接并抓取后面的 HTML 版本页面。

Flash 技术有独特的魅力，但随着 HTML5 的出现，慢慢地在被淘汰中。HTML5 目前是取代 Flash 技术的最好选择之一。

3．移动体验优化

（1）移动用户体验优化

移动端设备屏幕与 PC 端相比变小了，如果仍然采用 PC 端的优化方法在移动端使用，效果肯定是非常糟糕的，因此要在移动端做一些适合移动端设备屏幕浏览的体验。

①页面加载速度

据相关统计，用户能接受的页面加载时间为 3 秒内，如果页面加载时间过长，就会关掉此页面，从而流失了用户。搜索引擎非常注重加载速度，这是一个重要的排序因素。

②页面结构优化

移动端设备的屏幕尺寸较小，因此应尽可能地将主体部分全面展示，用户不必左右滑动来浏览页面。一般的页面结构推荐采用顶部标题、中间内容区、尾部相关内容。图 2-20 所示为猎河科技网站的某个页面，采用了简洁的页面结构。

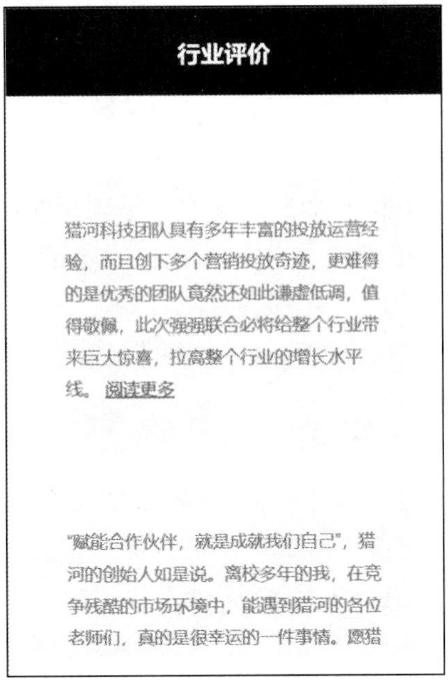

图 2-20

（2）页面浏览优化

在移动端除要有一个合理的页面结构外，还需要对文字和图像进行优化设置。移动端推荐的浏览体验规范如下，在实际应用中可以结合自己网站的特点进行优化。

- 当主体内容含文本段落时，推荐正文字号为 14 像素，行间距为（0.42～0.6）×字号，正文字号不小于 10 像素，行间距不小于 0.2×字号。
- 当主体内容含多个图像时，除图像质量外，应设置图像宽度一致、位置统一。
- 当主体内容含多个文字链时，推荐文字链字号为 14 或 16 像素：当字号为 14 像素时，纵向间距为 13 像素；当字号为 16 像素时，纵向间距为 14 像素；文字链整体可点区域不小于 40 像素。
- 主体内容中的其他可点区域，宽度和高度应大于 40 像素。
- 交互一致性，同一页面不应使用相同手势完成不同功能。
- 不存在遮挡主体内容的广告元素。

通过以上几点优化，将大大提升移动端的浏览器体验，搜索引擎更喜欢展示这种页面，在留住用户的同时，也得到了搜索引擎蜘蛛的青睐。

2.2.3 内容优化

网站内容是创造用户价值的主要呈现方式，包括关键词、图像等，这些属于内容的核心。通过内容的优化，不仅让用户价值得以更好地呈现，更重要的是使内容对 SEO 进行更强势的赋能。

1. 关键词优化

（1）长尾关键词部署

网站上不是目标关键词但可以带来搜索流量的关键词，称为长尾关键词。长尾关键词的特点之一是比较长，往往由 2～3 个词组成，甚至是短语，不仅在内容页面的标题中存在，还在内容中存在。搜索量少且不稳定是长尾关键词最显著的特点。

大型网站流量的来源基本上都是以长尾关键词为主的，如何布局优化长尾效应值得 SEO 人员进行持续研究和实践。

长尾关键词部署好了，可以给网站带来较大的收益。如何部署长尾关键词，是 SEO 人员的一项重要工作。

①长尾关键词的选择

长尾关键词是需要从用户角度的搜索意图和思想来进行选择的。选择长尾关键词的方法如下。

- 从产品自身功能寻找，如图 2-21 所示。
- 从竞争对手网站寻找。
- 从搜索引擎寻找，如百度的搜索下拉框或相关搜索词。
- 利用相关工具寻找，如爱站网等。

- 从用户角度寻找。

② 内部结构部署

长尾关键词部署最大的难点是必须要有大量的信息或产品内容，而且必须使搜索引擎收录。只要做到这两点，进行简单的页面优化就能做好长尾关键词部署。长尾关键词的竞争程度不大，网站可以获得很好的效果。

图 2-21

如果长尾关键词能已被搜索引擎收录，但没有获得较好的排名，就需要从全局出发部署权重架构。大型门户网站通常会有海量的信息，如果能将长尾效应发挥出来，流量的收益非常可观。

新浪在这方面做得很有特点。如图 2-22 所示，在百度搜索“一个淘宝会员能在淘宝开几家店”，排在前列的就包括新浪的产品“爱问”。实际上在进行关键词搜索时经常会出现新浪的信息。新浪借助大量长尾信息及自身权重的优势，获得了良好的排名。新浪一些高权重的专题页面有很多站内的指向，安排得合理、巧妙、自然。

图 2-22

实际上大量长尾关键词并没有被“发现”。例如，用户搜索“简单思考的意义”，搜索结果中没有与之 100%匹配的内容，如图 2-23 所示，但这个长尾关键词每天的搜索量超过 10 个，如果一个网站有大量此类关键词，不仅填补了搜索引擎的需求空挡，还为自己带来了大量的流量。

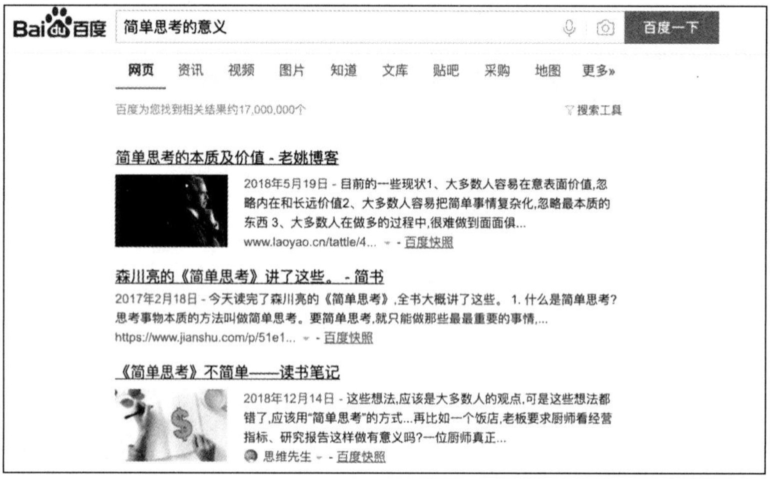

图 2-23

③ 内容体现形式

长尾关键词主要体现在终端页上。终端页的优势是主题统一，专为长尾关键词衍生内容，而且页面比较简洁。因此应尽量在终端页上多次出现长尾关键词，结合要巧妙、自然，如适当加粗，或采用 b、strong、u 等权重标签。

④ 长尾关键词维护

从长尾关键词维护角度看，应主要关注搜索引擎的收录及排名情况，及时查看文章是否被收录，收录后长尾关键词在搜索引擎中的位置。对于某个拓展性强的关键词，可以目录或专题的形式展现，该目录或专题全部以关键词拆分长尾关键词，然后链接对应的具体内容页面。

（2）关键词优化

下面详细介绍关键词的 5 个优化视角和方法。

① 了解自身信息的价值

SEO 必须从网页自身信息价值的角度来优化，而不是从关键词角度优化，做到专一、专业、优质，能帮助用户解决某些问题。例如，富营销论坛是典型的网络营销专业网站，其网页内容离不开网络营销的话题。

② 选择网页的关键词

选择网页关键词可以参考如下 3 点。

- 从用户角度寻找。
- 从竞争对手网站寻找适合自己的关键词。

- 从相关关键词工具中寻找。

每个网站都有主关键词、副关键词、分类关键词、长尾关键词等，需要结合网站结构来优化布局。主关键词需放在首页中；副关键词放在二级栏目或二级域名中，视竞争程度大小决定；长尾关键词放在内容页中。

③ 标题和关键词标签

从用户体验角度看，一个内容页只能拥有一个标题。若有两个标题，则会导致用户迷茫而离去。因此标题尽量做到简洁，能解决用户问题即可。

④ 强调页面内容的关键词

内容关键词应遵循如下 4 个原则。

- 适当出现相关关键词的文章链接。
- 内容页文章标题采用 h1 最高权重标签。
- 控制关键词出现的频率，做到自然且易阅读。
- 适当加粗处理。

⑤ 做好相关关键词推荐

做好终端页相关链接关键词的建设工作吸引用户，优点是增加用户访问深度，让用户更加依恋网站，进而时常关注。通过数据进行关键词组合分析，不断调整优化手段并持之以恒。

（3）关键词拓展

关键词拓展的方法有很多种，可根据自己网站的特点进行选择。下面列举 12 个关键词的拓展方法。

- 从百度搜索框获取百度相关搜索。
- 从用户需求拓展。
- 利用百度百科搜索核心词，如搜索“SEO”会得到“SEO 服务”“搜索引擎优化”“网站优化”“SEM 优化”“网络优化”等相关核心词，然后以此拓展。
- 借助辅助工具，如百度关键词工具、谷歌关键词工具。
- 借助百度统计等流量统计工具，可能会找到一些可拓展的词根或需求。
- 百度竞价后台系统推荐的相关关键词，同时还能分析每个词的周检索量和竞争情况。
- 地域拓展法，如“SEO”拓展为“上海 SEO”“北京 SEO”等，基本上一个词可以对应上百个地域关键词。
- 季节拓展法，如“饮食”拓展为“夏季饮食注意事项”“春季饮食注意事项”等。
- 职业拓展法，如“如何预防感冒”拓展为“教师如何预防感冒”“建筑工人如何预防感冒”等。
- 性别拓展法，如“减肥方法”拓展为“男士减肥方法”“女士减肥方法”等。
- 用户思维习惯法，如“哪里有”“哪里买”“哪里可以”“多少钱”“哪里好”“最好的”“哪里便宜”等。
- 参考百度搜索风云榜等榜单。

2. 图像优化

图文并茂的内容往往使人阅读愉快，有时还会起到意想不到的效果。若页面中只有文字内容，则容易使人疲倦。另外，图文并茂的内容也会使搜索引擎更愿意收录并给予更好的排名。

图像优化不仅包括图像像质量的清晰度，还要考虑图像的名称。目前，谷歌、百度还不能有效地识别图像中的文字信息，应尽可能给蜘蛛提供足够多的主题信息，如 seo.jpg 比 img1986 能提供更多的图像信息。另外，说明性图像名称也方便用户记忆与管理。

（1）alt 标签

alt 标签的优势是能使蜘蛛快速地了解图像的具体内容。

小例子

“奶油草莓”

以一个奶油草莓图像为例，添加 alt 标签如下：

```
<a href="caomei.jpg" alt="奶油草莓">
```

添加 alt 标签后，只要蜘蛛能爬取到就可以收录并了解这张图像代表的含义。

当因网速慢不能完整显示图像时，alt 标签的优势得以显现。如图 2-24 所示，虽然因网速慢没有将图像直接显示，但 alt 标签提供了图像的内容信息。

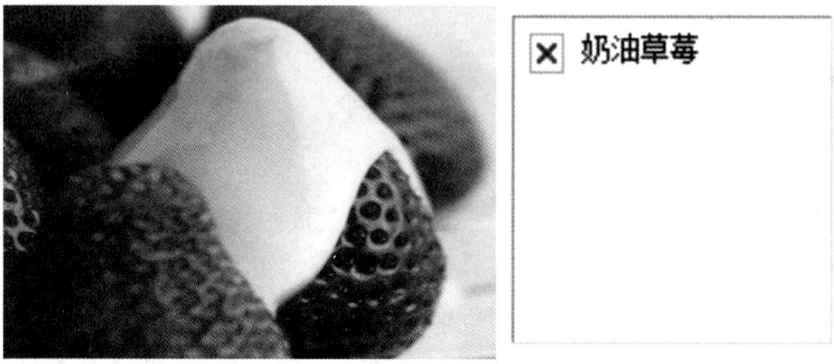

图 2-24

不合理的图像信息格式如下：

```
<img src=img2356jpg" alt=""/>
```

合理的图像信息格式如下：

```
<img src="seo.jpg" alt="seo 图像"/>
```

应避免使用如下格式：

```
<img src="puppy.jpg" alt="seo seo 技术  seo 教程  sem seo 相关"/>
```

注意，在 alt 标签中不可堆砌关键词，因为这是明显的作弊手段，而应在适当的地方出现适当的关键词。若有条件可以使用 lynx 文字浏览器检查自己网站是否存在此类问题。

（2）为图像制造一个良好的上下环境

蜘蛛无法直接爬取图像中的信息，必须增加辅助手段，除了 alt 标签，还可以在图像的四周放置能说明图像信息的文字，如图 2-25 所示。

图 2-25

在图像的四周放置关键词描述信息要根据图像本身内容来放置，不能任意添加不相关的描述。例如，如果在一个健康网站上出现一张赛车的图像，就会向搜索引擎发送一个有关“赛车.jpg”的主题信息，这是一个让人颇为费解的消息。因此要确保把图像放在相关文字的旁边。此外，建议为图像提供有效的标题和说明。

（3）保护图像的方法

- 允许他人使用自己网站的图像，但要求标明所有权归属并提供可返回自己网站的链接。
- 利用软件给图像加上 Logo 水印。
- 如果不想让搜索引擎抓取图像，可以使用 robots.txt 文件阻止对该图像的访问。

（4）营造图像最佳用户体验

一张漂亮大气的图像能吸引很多用户的关注，对产品推广来说尤为重要。

清晰可见的图像比模糊不清的图像更吸引用户关注。此外，站长大多倾向于链接高质量的图像，因为这种图像赏心悦目，可以增加网站的访问量。在搜索结果中以缩略图形式显示的整洁、清晰的图像也会取得很好的效果，用户更愿意点击这些图像。同时，要将合理、有亮点的图像放在网页的上方位置，因为不是所有用户都能访问到网页最后位置。

另外，图像要进行详细归类，方便查询。例如，将关于减肥的图像放在减肥的图像文件夹中，相应地将饮食的图像放在饮食文件夹中。

最后，为图中增加宽度和高度的信息，如果浏览器知道网页中不可替换元素的封装尺寸，那么即使图中没有下载完成，浏览器也开始显示该网页。指定尺寸可以提高网页载入速度，从而改善用户体验。

3. 网页内容优化

网页内容优化的核心是内容质量好，以“内容为王”为基础能提高搜索引擎排名，提高用户转化率和网站流量。

内容应尽量原创，原创是指独立完成创作。互联网中抄袭现象较常见，对搜索引擎而言，索引重复的内容没有任何意义。因此，各大搜索引擎都鼓励和支持原创，对原创内容给予优先展示权利。如果一个网站大量抄袭其他网站内容，搜索引擎可能会拒绝收录并降低其信任评级。

搜索引擎判断原创的方法是第一次发现内容的网址。如果某人的内容发布后并没有被搜索引擎发现，别人抄袭后被搜索引擎发现了，“原创”就属于抄袭者。因此在内容产生后快速提交给搜索引擎是保障原创归属权的重要方法。原创内容应精要简洁，清晰表达主题，内容丰富，语句流畅。

（1）内容的产生方式

① 网站编辑

网站编辑通过网络对信息进行收集、分类、编辑、审核，这是各大新闻网站产生内容的主要方式。

② UGC

UGC（User Generated Content）指用户产生内容，如论坛帖子、自媒体文章、用户评论、B2C 购物平台的商品信息、旅游攻略等。合理引导用户发布内容，可以产生大量优质 UGC，提升搜索引擎对网站的喜爱程度。

③ 抓取重组

直接抓取其他网站内容进行复制不利于搜索引擎优化。从用户利益角度看，对互联网上有用的信息抓取后重新组合，是快速补充网站内容的有利方式。

（2）标题

标题的好坏直接决定用户是否会继续查看文章。好标题能起到画龙点睛的作用，吸引用户点击，在标题中巧妙地加入关键词更利于优化。一个好标题可以提高用户的点击率，可以多参考人气社区中推荐的帖子，了解他们如何写标题，再根据自己的特点加以改进。

小例子

介绍减肥方法的文章

一个热门标题和一个无人问津的标题差别究竟在哪里？以下面两个标题为例：

- “10 个减肥方法介绍”；
- “2020 年你不知道的 10 个减肥新方法”。

对比这两个标题，能够感觉第二个标题更有吸引力。“10 个减肥方法介绍”虽然突出了主题，带有数字概念，能给人想象的空间，简单明了，但不能吸引用户继续点击的好奇心。“2020 年你不知道的 10 个减肥新方法”在第一个标题的基础上添加了时间概念和疑问点。其优点是更加深刻地给用户灌输一个未来即将流行的减肥方法的概念，同时保留了减肥方法的个数。

好标题一般遵循以下几点。

- 时效性：尽量挑选当前现状或即将发生的事件。
- 明星效应：利用人气明星效应吸引目标群体。
- 热门程度：当下的热门事件和热门人物，能得到大众共鸣的事件。
- 好奇心：人们都有感兴趣的事物，抓取某个特征点吸引目标受众。
- 权威性：权威机构认证。
- 贪便宜心理：有些人难免有贪小便宜的心理，如免费送、包邮等标题会吸引人们关注。
- 争议性：有正面论证和反面论证的争议标题以吸引人们关注。
- 亲身经历：容易让人产生信任。

（3）关键词密度

关键词密度即关键词频率，是某个关键词在网页中出现的总次数与所有词语次数的比值，用百分比表示。一般关键词出现的次数越多，其密度越大。根据很多 SEO 实战者的经验，密度范围控制在 2%～8%为宜。注意，并不是密度越大优化越有利，密度过大可能导致网站被降权。

同时，还要注意关键词出现的位置，这关系网页优化的合理性。可以在开头部分内容中包含目标关键词，在正文的开头或中间部分及段尾部分以自然的方式引出关键词，不可为了 SEO 而堆砌关键词。

（4）内容优化

网站开头部分内容直接决定了用户是否有兴趣看下去，因此要对全部内容高度概括，简短精练。叙述应简洁，不能为了篇幅而增加文字数量，内容过长则不利于用户有耐心看完，如果超过 800 字，尽量采用分页形式，这样在视觉上更舒服，同时也给网站增加 PV（访问量）。网站内容要能帮助用户解决某些问题，而不是空空的范文。

内容优化以用户体验为基准，以丰富真实的内容做后盾，更能吸引用户，在提高搜索引擎排名的同时，还能提高用户对网站的信任度。

4．四处一词

四处一词是指在四个不同的位置出现同一个关键词，这种方式可帮助搜索引擎判断页面主题，从而提升目标页面排名。

四处为标题（title）、关键词（keywords）和描述（description）、页面正文、锚文本（包含站内锚文本和站外锚文本）。

- 网页的 title 标签出现关键词。网页标题应概括网页的核心内容，并且包含用户常用的搜索词。
- 页面的 keywords 和 description 标签出现关键词。2009 年至今，搜索引擎逐渐降低了这两个标签在排名中的重要性，但它们依然是搜索引擎判断页面内容的重要因素。同时，一个好的描述文案可以吸引用户点击，间接提升网站流量和排名。

- 页面正文出现关键词。正文出现关键词及相关词，有利于提升页面与关键词的相关性。但是刻意增加关键词数量容易造成关键词堆砌，可能会触发搜索引擎的反作弊算法。因此，按照正常的逻辑组织页面内容即可。
- 锚文本出现关键词。锚文本包含站内锚文本和站外锚文本，即内链和外链。外链是其他网站对目标网站的描述，具有较高的可信度，对排名影响较大。

2.2.4 代码优化

符合搜索引擎要求的网页代码不仅能提升蜘蛛的爬行效率，也有利于搜索引擎给予网页更好的信任度及权重。对用户来说，体验会得到较好的改善。

本节重点介绍元标签、robots、nofollow 和 h 标签。

1. 元标签

元标签包括标题标签、关键词标签、描述标签等，良好的元标签设计会促进该网页在搜索引擎中的表现。

元标签出现在网页 HTML 代码的 head 标签中，唯一与其他 HTML 代码的区别是不会直接在显示器上显示。元标签对网页有多种作用，包括介绍该网页的版本及作者等。Keywords 是元标签中的一种，代表一个网页的定位。

（1）元标签设计原则

对 SEO 最重要的三个元标签是 title、description 和 keywords，这三个元标签是搜索引擎判断网页内容的重要依据，对网站排名具有重要意义。其中，title 和 description 有较大概率显示在搜索引擎检索结果中。因此，设计一个关键词精准且吸引点击的元标签是 SEO 的重要工作之一。

每个网页都应该有一个独一无二的标题，不可所有页面全部使用默认标题。标题要主题明确，包含网页内容，特点如下。

- 重要的内容放在前面。
- 使用用户熟悉的语言描述。
- 标题要吸引点击，并产生信任感。

小例子

元标签展示

去哪儿网 title 标签使用如下，搜索引擎搜索结果如图 2-26 所示。

<title>【去哪儿网】机票查询预订，酒店预订，旅游团购，度假搜索，门票预订-去哪儿网 Qunar.com</title>

去哪儿网 description <meta name="description" content="去哪儿 Qunar.com 提供机票,飞机票，特价机票,打折机票的查询预订；99 元春秋航空特惠折扣机票，百元南航、海航惊喜特价机票任您挑选,国航、深航 1 折特价机票和折扣机票一网打尽，更多打折机票尽在 Qunar.com。" />

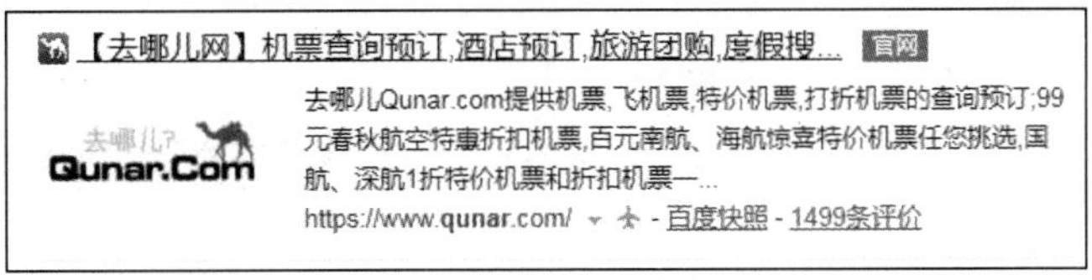

图 2-26

（2）分词技术在元标签中的应用

前面已经介绍了搜索引擎的分词技术，合理运用分词技术可以增加关键词的覆盖数量。搜索引擎在索引页面过程中，会把元标签切成最短词语。当用户搜索这些词语组合时，可能命中对应网页。通过分词技术，可以在元标签中布局更多的目标关键词，获得更多的流量。

小例子

分词元标签

标题：北京旅游攻略_景点门票指南。

分词：北京/旅游/攻略/景点/门票/指南。

用户可能搜索的词语组合是：北京、北京旅游、北京旅游攻略、北京攻略、景点攻略、景点指南、北京景点、北京门票、北京旅游景点、北京旅游指南。

2．robots

robots.txt 是一个纯文本文件，网站管理者可以在这个文件中声明该网站不想被搜索引擎访问的部分，或者指定搜索引擎收录的内容。因此，robots 优化直接影响搜索引擎对网站的收录情况。

搜索机器人即蜘蛛，在访问一个网站时，首先会检查该网站根目录下是否存在 robots.txt 文件，如果存在，蜘蛛就会按照该文件中的内容确定访问的范围；如果不存在，蜘蛛就默认所有文件都可以抓取。

robots.txt 文件必须放在一个网站的根目录下，而且文件名字母必须全部小写，例如，

https://www.liehe.com/robots.txt

只有在需要禁止抓取某些内容时，robots.txt 文件才有意义。

如果服务器设置出现问题，robots.txt 文件不存在，会返回 200 状态码及某些错误信息，而不是 404 状态码，原因可能是蜘蛛错误解读 robots.txt 文件信息。因此建议即使允许抓取所有内容，也要建立一个空的 robots.txt 文件。

3．nofollow

nofollow 是一个 HTML 标签，为网站管理员提供了告诉搜索引擎“不要追踪此网页上

的链接”或“不要追踪此特定链接”的一种方法。这个标签的意义是告诉搜索引擎这个链接不重要，这个链接不是一个信任链接，即搜索引擎不会为加了 nofollow 标签的链接传递权重。

例如，如果 A 网页上有一个链接指向 B 网页，但 A 网页给这个链接增加了 rel="nofollow"标注，搜索引擎就不会把 A 网页计入 B 网页的反向链接，搜索引擎看到这个标签就可能减少或完全取消此链接的投票权重。

nofollow 标签通常用在博客评论、论坛帖子、社会化网站、留言板、分类列表等页面，在这些页面上任何用户都可能留下链接，还可能会恶意地留一些对网站有害的链接，因此需使用 nofollow 标签删除这些页面；也可以应用在广告链接、网站登录及注册、版权信息、搜索、友情链接等页面，这些页面本身不需要排名，因此通过使用 nofollow 标签进行优化，如图 2-27 所示。

(a)搜外问答的某个模块

```
<div class="side-search">
    <form action="https://ask.seowhy.com/search/" rel="nofollow" id="" method="get">
        <div class="">
            <input id="side-search-input" name="q" class="form-control" autocomplete="off" placeholder="搜索问题、话题" maxlength="30">
            <input type="submit" class="btn btn-primary" value="搜索" onclick="$('#top_search_form').submit();">
            <div class="clearfix"></div>
        </div>
    </form>
</div>
            <div class="header-post">
                <div class="button-groups">
                    <a href="https://ask.seowhy.com/publish/question/" class="button-group button-group--white" rel="nofollow">提问题</a>
                </div>
            </div>
            <div class="header-controls" id="header-controls">
                <ul>
                    <li><a class="" href="https://account.seowhy.com/account/login" rel="nofollow">登录</a></li>
                    <li><a class="" href="https://account.seowhy.com/account/login" rel="nofollow">注册</a></li>
                </ul>
            </div>
        </div>

    </div>
```

(b)对不重要的按钮使用 nofollow 标签

图 2-27

一般首页的权重是最高的，有时候为了增加其他页面的收录要故意降低首页的权重，这时也可使用 nofollow 标签。

4．h 标签

h 标签相当于正文标题，是关键词优化中的一个页面元素，通常认为其重要性仅次于页面 title 标签。

h 标签包括 h1、h2、h3、h4、h5 和 h6。其中，h1 最重要，h6 重要性最低。在 h1 和 h2 标签中融入关键词，有助于提高相关性。但 h3 以下的标签权重较低，与普通页面文字相差不大。

常见的 h 标签使用结构如下：

```
<h1>这里是最重要的标签</h1>
<p>这里是文字描述………</p>
<h2>这里是最重要的标签</h2>
<p>这里是文字描述………</p>
<h3>这里是重要的标签</h3>
<p>这里是文字描述………</p>
```

注意，h 标签在视觉表现上是黑体显示的，但语法意义与黑体完全不同，不可在页面上滥用。一般一篇文章只有一个标题，h1 标签也只出现一次。大量使用 h1、h2 标签，可能使关键词不突出。

2.3　站外优化

通过站外优化可以实现精准引流的目的，站外优化主要是指外链建设，即借助外部平台或网站的排名进行优化，从而实现企业效益的增长。

2.3.1　外链优化

外链是指外部其他网站的页面有指向自己网站的链接，可以是 A 网站与 B 网站之间互换首页链接、频道链接，也可以是通过软文发布在其他网站的单向链接，通过交换或发布相关度高的网站可以提升自己网站的权重。

1．外链的因素

高质量外链的必备因素包括如下 3 个。

（1）相关性

假设 A 网站属于健康类网站，B 网站也属于健康类网站，两个网站交换的链接就是一个高相关度的链接。从用户体验角度看，一个用户如果有寻找健康类网站的动机，进入 A 网站后发现没有需要的健康信息，可以借助 A 网站上的 B 网站链接点击进入 B 网站，继续寻找想要的信息。

（2）信任度

信任度包括域名的年龄、信息质量程度、网站规模等。

（3）收录数量

收录数量的多少直接影响网站整体流量的多少。

2. 外链的作用

外链可以有效增加网站的整体权重，相关度高的外链作用较大。外链在优化过程中必不可少，实际上是投票的一种形式，A 网站链接 B 网站相当于 A 网站给 B 网站投了一票。搜索引擎也会认为 B 网站是一个高质量的网站，其权重也得到了一定提升。

3. 外链的方法

外链的方法有很多种，下面列举比较常用的方法。

- 原创高质量的内容并投放到各大相关主题网站上，使其转载获得权重加分。
- 友情链接，目前使用最为广泛的一种方法，效果明显。
- 查找竞争对手，联系对方并互相交换链接，这需要依靠耐心和坚持。
- 搜索引擎自家产品权重很高，如百度知道、百度文库等。
- 多到别人的博客上留言，特别是与自己博客主题相关的博客，现在的博客系统一般都支持带链接的留言。
- 制作一套精美的主题模板，如 WordPress 主题模板，如果有很多网站使用，可以获得单向友情链接，也可以制作在线查询工具，质量过关就会有网站主动链接。
- 制作符合某个主题的电子书、插件之类的小程序，提供免费下载，使用户感觉是独一无二、有价值的，唯一的要求就是让对方做一个友善的链接。

4. 外链锚文本

外链锚文本与网站本身的主题权重关键词需相关，这个外链在权重上也会体现其价值。谷歌的管理工具可以列出外链使用的锚文字，SEO 人员可以清楚地看到自己要排名的关键词是否有足够多的外链支持。

小例子

“中国站”锚文本

阿里巴巴集团“中国站”在相关网站的外链情况如图 2-28 所示。从百度搜索“中国站”，如图 2-29 所示。

阿里巴巴网站排名前列，该页面的标题是“阿里巴巴中国站-阿里巴巴 1688.com - 全球领先的采购批发平台，批发网”。阿里巴巴集团下的淘宝网、阿里日本站、支付宝、口碑网的页脚都有中国站的字样，搜索引擎在搜索过程中已经将阿里巴巴中国站认定为中国站关键词特定网站，因此在百度搜索结果中就会出现阿里巴巴网站，并且搜索引擎为了让搜索体验更佳，还会自动修改展示结果的标题，这就是外链锚文本统一的威力。

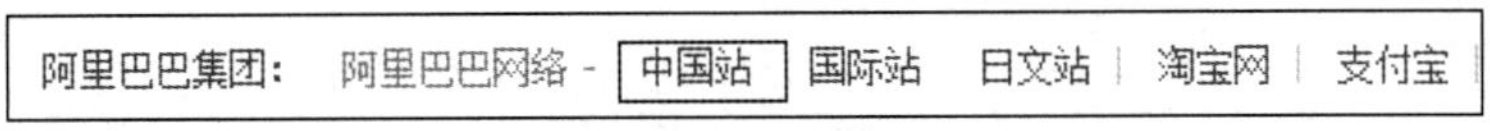

(a)淘宝网页脚中国站

(b)阿里巴巴日本站页脚中国站

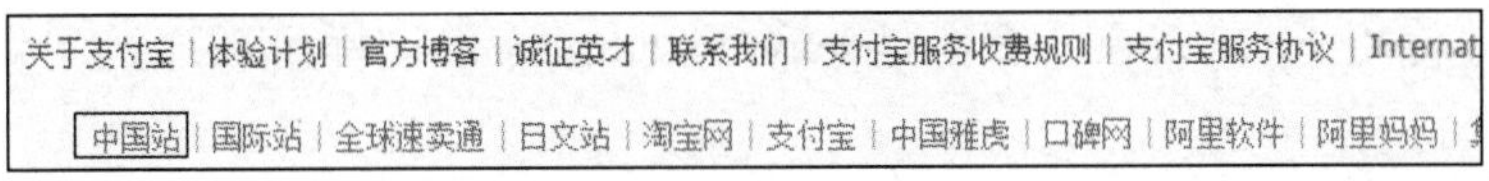

(c)支付宝页脚中国站

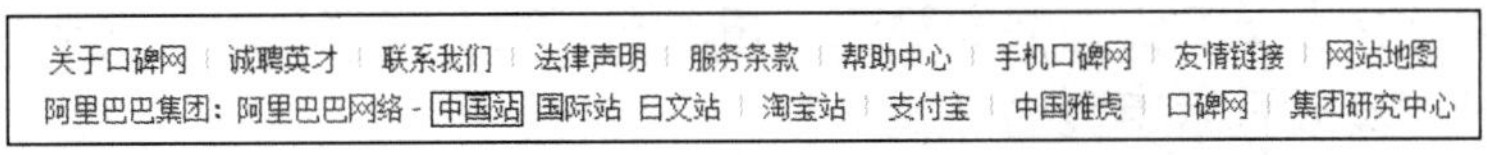

(d)口碑网页脚中国站

图 2-28

图 2-29

5. 友情链接

友情链接基于相近行业的相互推荐，合理的友情链接一直被搜索引擎算法采纳。友情链接的缺点是基于域名级页面，很少有网站愿意进行目录或页面级的友情链接交换，这就造成了友情链接数量较少，无法获取大量的投票。

为了解决这个问题，有些网站通过二级域名的形式组织网站内容。例如，58 同城网城市北京首页地址使用 bj.58.com，而不是www.58.com/bj/，这样可以通过二级域名与其他相关网站进行交换。

对于重视 SEO 的网站来说，友情链接是一个非常重要的优化策略，甚至某些大型网站都有专门的友情链接专员负责拓展和管理。拓展和管理友情链接是一件非常枯燥的事情，所以应尽量通过工具或技术手段提升效率。

2.3.2 品牌优化

用户经常通过搜索品牌词或品牌长尾关键词来了解品牌，以获得相应的购买决策依据对于企业而言，非常希望用户在搜索品牌词或品牌相关关键词时，看到的信息都是有利于企业的信息，从而帮助用户更高效地做出购买的决策。

但是在激烈的商场竞争中，经常会出现这样的情况：同行的恶意攻击，因为存在商业竞争，有些同行会通过发布对竞争对手不利的言论或内容来达到攻击竞争对手的目的，用户此时看到的都是不利于品牌的内容，所以理论上这种攻击方式会严重影响受到攻击的品牌形象，更可能导致收入的严重下滑。还有一种情况是用户的过激投诉，用户在自媒体或博客平台上发布一些激烈言论被搜索引擎收录，也容易对品牌所在企业产生负面影响。这些负面信息不仅会影响用户对该企业的判断，也会使新员工对加入这个企业产生怀疑。

以上两种情况都因夸大或不实而对企业品牌产生了负面影响，SEO 人员应提前做好这方面的预防工作。正常情况下，只需要将用户关注的品牌相关关键词进行排名优化，保证每个品牌相关关键词在搜索引擎的首页上，都是有利于宣传品牌正面形象的内容，就可以解决这些问题。通过此方式可为用户更多地提供关于企业正向的反馈。

当用户想了解一个品牌时，以去哪儿网为例，通常会搜索这样的词：去哪儿网怎么样、去哪儿网好不好、去哪儿网怎么退票、去哪儿网工作怎么样等。如图 2-30 所示，在百度搜索“去哪儿网怎么样”，来自百度贴吧的内容对去哪儿网并不友好，会让其他新用户对去哪儿网产生负面感受。

SEO 只是一种品牌优化的技巧和方法，而这种方法的主要目的是解决企业被恶意评价的问题，企业需要从根本上解决产品和服务的问题，才能真正杜绝来自用户的差评。

注意，并非只是简单地发布有利于品牌正面的信息就结束了，SEO 人员还要关注关键词的排名是否靠前，覆盖的排名数量是否足够多。

图 2-30

2.3.3　搜索霸屏

搜索霸屏是指在各高权重网站发布大量的信息，达到关键词霸屏的效果，特别适合竞争小的词或企业品牌信息布局。以搜外网的网站品牌布局为例，图 2-31 所示为在百度搜索“搜外”的网站信息，几乎都是关于网站品牌的正面信息或自有信息，即只要搜索“搜外”关键词，用户看到的都是正面信息，这大大提升了用户对品牌的信任程度。

下面以百度搜索为例，介绍如何在搜索引擎上进行霸屏。

1．了解竞争程度

要达到霸屏的效果，首先要了解关键词的竞争程度。竞争程度太大的关键词不适合霸屏，竞争程度小的关键词适合霸屏。如果关键词搜索结果中的网站具备以下特征，说明竞争程度较小，可以使用霸屏技术。

- 没有一级域名网站排名，如www.liehe.com为一级域名。
- 没有大型网站的二级域名或二级目录排名，如 travel.sina.com.cn 为大型网站的二级域名。
- 判断网站页面有无刻意优化的痕迹。
- 查询排名网站发布时间。
- 观察关键词竞价广告情况。

通过观察以上 5 点，大致能判断关键词是否适合霸屏。

图 2-31

2．选择高权重网站

确定好霸屏关键词后，要着手选择高权重网站，目前有很多高权重网站，可根据自己行业的特性来选择。高权重网站分类如下。

- 博客平台：新浪博客、天涯博客、网易博客等。
- 企业官网或行业网站。
- 论坛：天涯论坛、网易论坛、猫扑、百度贴吧、豆瓣等。
- 新闻源平台：腾讯、新浪、网易等。
- 问答网站：百度知道、知乎等。
- 文库网站：百度文库、360doc、豆丁文库等。
- 自媒体平台：搜狐公众平台等。

还可以通过站长之家的网站排行榜找到相关行业的网站，如图 2-32 所示，站长之家地址为 http://top.chinaz.com。

在网站排行榜中选择自己要做优化的行业，就能找到多个高权重的网站，在对应的高权重网站上发布信息即可。

3．发布高质量内容

一篇高质量的文章有几个明显的特点，即有实际性的内容，有图像修饰，内容足够丰富。其中关键词的 SEO 布局，直接关系排名的效果。关键词的 SEO 布局包括标题出现关键词、首段出现关键词、中部出现 2 次关键词及结尾出现关键词。

图 2-32

了解关键词如何布局后，还要将关键词加粗显示，使搜索引擎了解内容的主要特征，高质量的内容容易被搜索引擎收录。

4. 内容加权优化

发布完高质量内容，为了使搜索引擎尽快收录，还需要结合网站自身的加权特性来优化。

例如，在发布一篇文章后，要怎么知道它比较受欢迎呢？一是文章的阅读数量，二是文章的转载数量，三是回复的数量，不同网站有不同的反应特点。

小例子

百度文库与豆瓣

以百度文库为例，其内容是否受欢迎的主要指标是评价数和下载次数，如图 2-33 所示。百度文库的加权项是下载次数，下载越多表明此文章的受欢迎程度越高，从而能更好地参与排名。

图 2-33

豆瓣的加权项是回复次数，不断地顶贴就能增加文章自身的权重。建议平时多观察，会发现更多快速加权的参数指标。

5. 简单的事情重复做

搜索霸屏其实是一个非常容易理解的概念。但简单的事情若得不到执行，则达不到效果。每天在各高权重网站上发布优质的内容，重复重复再重复，几周后就能获得很好的效果，即简单的事情重复做。

2.3.4 熊掌号

熊掌号是百度打造的移动端产品，为搜索用户提供更可靠的信息和服务。本节介绍熊掌号，一方面百度目前仍然是中国最大的搜索引擎，数以万计的公司需要依靠百度获取大量的潜在用户，另一方面希望通过熊掌号的案例，说明做好 SEO 工作，需要多研究搜索引擎自有产品，结合自身内容优势，就能在原有基础上获得更多的收益。

熊掌号已经成为站外 SEO 的重要渠道，案例如图 2-34 所示。熊掌号是站长、自媒体、商家入驻百度的账号，该账号可实现百度搜索资源服务平台、百度数据开放平台、百度百家号自媒体平台、百度用户运营平台等百度平台的一站式互通。

图 2-34

熊掌号在 SEO 方面的优势如下。

（1）排名优势

熊掌号需要经过实名认证或企业认证。由于存在内容审核机制，熊掌号提供的内容质量明显优于普通网站，所以熊掌号在排名上具有一定的优先权。

（2）运营能力

加强运营可以提升老用户的回访概率。当完成账号授权后，资源方可调用运营能力 openAPI，已完成账户授权的网站可以在资源落地页设置关注入口，用户通过关注能与熊掌号形成互动，成为网站粉丝，为后续的运营闭环和用户转化打基础。

（3）新站收录

根据搜索引擎已有的收录机制，新网站收录速度一般比较慢，而加入熊掌号可以加快新网站的收录速度。新网站只需要在熊掌号的内容提交入口上传新增内容，百度可以在 24 小时内完成收录。

（4）展示特权

在百度搜索结果页，熊掌号有区别于普通搜索结果的样式，使其更具吸引力，如大图展示、icon 展示、原创标等。大图展示如图 2-35 所示。

图 2-35

（5）原创保护

在熊掌号内提交的原创内容，百度会在 1 小时内完成收录，并在搜索结果中出现“原创”标识，优先展示在转载和采集的内容之前。

2.4　防止作弊

前面章节介绍了如何通过合理的 SEO 方法提升网站排名。合理的 SEO 方法需要 SEO 人员花费较多的时间，并进行大量持续的工作。虽然通过作弊可以在较短的时间内快速获得排名，但是作弊存在较大的风险，一是可能触犯法律、违背道德，二是可能会受到搜索引擎的惩罚。下面介绍作弊的常用方法，以避免出现因操作不当而造成的非故意作弊行为。

1．关于网站权重

网站权重是不同网站在搜索引擎中的分级制“待遇”表现，是搜索引擎中的一个综合表现指标。

例如，同一篇文章在很多网站上都会列出，此时对于搜索引擎来说，不能单独考虑把哪个网站的文章排在搜索的第一位或前几位，而要根据网站权重来排名，哪个网站权重高，搜索引擎就会把它放在前面。

高权重网站作弊的常用方法是购买大型网站的目录。例如，网站 A 是一个大型知名网站，搜索引擎给予了较高的权重。SEO 人员购买了 A 网站下的一个目录，在目录中创造 SEO 内容获得排名与流量，如果此目录中的内容与 A 网站无关，将会被判定为作弊。除了购买目录作弊，利用其他网站漏洞在其网站恶意发布内容也是常见的高权重网站作弊的方法。

网站权重是排名的重要因素，但不是唯一因素。关键词的排名是多个因素共同作用的结果。如果网站成立初期权重不高，不可急于求成，更不可通过非正常手段提升网站权重，应通过改善其他因素弥补权重不高造成的影响，如生产高质量的内容、提升网站在行业的知名度等。

2. 内容作弊

搜索引擎技术不断进步，作弊方法也不断变化。作弊导致了 SEO 行业的乱象，SEO 作弊方法是不被行业主流所认同的。对于常见的作弊方法，适当了解即可，一方面加强对 SEO 的理解，另一方面加强对 SEO 作弊的防范。

内容作弊一直是让搜索引擎较为“头疼”的方法，因为很多内容因素不好判断，毕竟搜索引擎的智能识别技术还有待提高。下面总结了 7 种内容作弊的方法。

（1）聚合页

聚合页是为了满足用户查找需求而产生的内容集合。例如，用户想查找多家搬家公司的信息，并比较价格和服务，于是 58 同城把近 20 个搬家公司的信息聚合在一起，形成一个搬家公司的列表页供用户选择。这个列表页就是一个典型的聚合页。合理的聚合页为用户提供了便利，用户无须分别查看每个页面，仅查看一个聚合页就能找到想要的信息。

注意，聚合页有可能会被滥用。如果为了迅速提高页面收录量，将大量的终极页随意组合在一起形成大量聚合页，这种聚合页对用户而言毫无价值，就会被搜索引擎判定为聚合页作弊。例如，某网站有 100 个搬家公司的终极页，搜索引擎收录量为 100，若将 100 个终极页随机抽取 10 个形成了 10000 个聚合页，网站的页面数量瞬间从 100 变成了 10100，这种未从用户角度仅从 SEO 角度形成的聚合页将被判定为聚合页作弊。

（2）关键词堆砌

关键词堆砌是一种对合理内容优化实践的滥用，在网页上可以多使用关键词，但如果只为了吸引搜索引擎而增加，网页就会被标记了。在轮番出现的图形或文字或者 noscript、noframes 标签中堆砌与前后文无关的关键词，是这种方法的变体。

（3）隐藏文本

HTML 提供了多种蜘蛛可见但用户不可见的技巧。例如，用难以置信的小尺寸展示文本，使用和背景颜色一样的字体颜色，或者在样式表中增加关键字，然后被图像或其他页面覆盖。总之，用户在浏览器上查看网页不能发现这些奇怪的内容，而通过 HTML 源代码可以看见，这就是隐藏文本作弊。

（4）隐藏真实内容

隐藏真实内容是指一个页面对用户和搜索引擎提供不同的内容或网址。例如，向搜索引擎提供 HTML 文字网页，而向用户提供图像网页或 flash 网页。

如果网站包含搜索引擎无法抓取的元素，如 flash、JavaScript 或图像，不建议向搜索引擎提供隐藏的内容。例如，对于浏览器中已关闭屏幕读取器或图像的访问者，可以提供说明图像的替代文字，在非脚本标记中提供 JavaScript 的文字内容。

（5）重复的标签

使用重复的标题标签或其他的 meta 标签或同样的样式表，可以隐藏文本，也可以在此基础上覆盖文本。

（6）重复的网站

用不同的内容将网站复制在不同的域名下，并且使每个网站相互链接，可以极大地提高排名效率。

（7）恶意刷新点击率

有的网站为了增加被搜索的概率，用动态 IP 程序恶意刷新页面，以增加访问量，这是目前快排的基本实现原理。

3. 链接作弊

下面主要总结了 5 种链接作弊的方法，基本上囊括了现在比较流行的链接作弊方法。

（1）博客作弊

博客作弊通常是指发表不相关的信息，含有通往某些 URL 的链接，以达到提高搜索排名的目的。通过注册大量博客账号和博客群发软件，可以在很短的时间内发布大量的内容，这些内容给网站增加大量的外链，只要这些大量发布的内容被搜索引擎收录，外链产生的权重效应就开始显现。

（2）留言板作弊

留言板作弊和博客作弊相似。留言板允许用户发布对网站的意见，但是作弊者开始在留言板中发布他们网站的 URL，以快速提升外链。博客和留言板作弊者一般都使用程序自动发布外链，使得他们增加几千个链接而不需要手工操作，因此现在也产生了非常多的反垃圾留言工具。

（3）链接工厂

通过建立几十个或上百个网站被搜索引擎索引，为想要提高排名的网站加入上千个链接，而快速增加的这些链接能很快地为该网站提升一定的权重。

（4）隐藏链接

隐藏链接使链接可以被蜘蛛看到而普通用户无法看到，因此在高排名的网页上可以堆砌很多链接，指向想提高排名的相关页面。

（5）伪造的双向链接

其他网站可能会要求链接到我们自己的网站，前提是链接他们的网站作为回报，这是 SEO 行业常用的链接交换策略，但有些人会试图使用搜索引擎看不到的链接来进行欺骗。通过这种方式，我们以为自己网站得到了链接，但是搜索引擎并不认可，而使“合作伙伴”从自己网站得到了更有价值的单向链接。比较常见的实现技巧是对方在链接我们自己网站的链接中添加 nofollow 标签。

第3章

构建 SEO 思维

随着 SEO 技术的升级和商业形态的变化，SEO 的某些方法可能会过时。但任何一门技术，除了学习技术本身，通过提炼技术的底层逻辑和方法论，也可为以后的学习和工作决策提供参考。本章的核心是 SEO 思维，通过对底层逻辑和方法论进行提炼，构建了一套完整的 SEO 思维框架。SEO 是一个独具魅力的营销技术，解决了企业初期及高速发展期的流量问题，使企业的前期发展更加顺畅。

3.1 SEO 思维

SEO 思维框架主要基于其特点和业务逻辑设计，理解 SEO 技术的底层营销框架及增长逻辑，从而更好地理解其本质。这个理解的意义是对在未来营销工作中可能遇到的各种问题、新的机会及新的营销方式，可以做出更高效、更有价值的决策。

SEO 只是众多营销方式中的一种，但因其具有独特的魅力和特点，使它拥有了众多粉丝。本章的思维框架是作者通过十多年的 SEO 实战总结而来，基本上涵盖了 SEO 营销方式的特点。SEO 思维框架包含 7 个思维指标，分别为目标思维、关键词思维、长尾思维、免费思维、用户思维、排名思维和数据思维，如图 3-1 所示。

SEO 思维框架包含 3 个基本框架，分别为流量框架、内容框架和转化框架。流量框架的核心是明确网站想要什么样的流量，内容框架是指明确网站如何为用户创造内容，转化框架是指网站如何持续转化用户。

目标思维是贯穿整个思维框架的核心指标，指导 SEO 的全流程工作，所有环节都基于目标进行落地。这里的目标是指最终要实现的结果，如通过 SEO 产生 1000 万元销售额，这是一个非常明确的目标。这个目标可以通过流量框架、内容框架和转化框架 3 个基本框架实现。

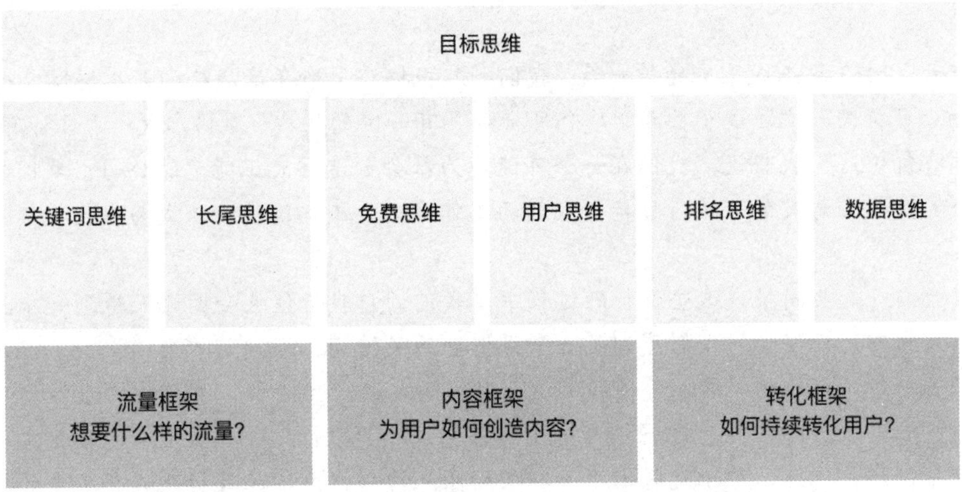

图 3-1

首先，明确网站想要什么样的流量。通过关键词思维和长尾思维对流量进行精准把控。

关键词思维：目标相当于整个 SEO 思维框架的方向，方向确定后再结合网站的业务进行关键词的拓展和规划。关键词决定了网站的流量空间和 SEO 的执行策略，以及在这个过程中需要的相关资源。

长尾思维：一般大型网站都很注重长尾思维，即长尾关键词的流量，通过系统设计与规划，长尾思维带来的收益会非常大。

其次，明确网站如何为用户创造内容。通过遵循免费思维和用户思维实现。

免费思维：搜索引擎用户在搜索关键词时，希望及时找到自己喜欢的内容，并且得到及时反馈，因此针对 SEO 的内容策略，大量网站先遵循免费思维，即给用户呈现的免费内容是什么，这样有助于保证用户在短时间内不会离开，通过后续的内容引导促成用户转化。

用户思维：从用户角度出发，设计用户喜爱的内容和产品，使每个用户不轻易流失。

最后，网站如何持续转化用户。通过排名思维和数据思维驱动。

排名思维：提升每个页面在搜索引擎中的排名是 SEO 的基本工作，在网站内部也同样适用。

数据思维：数据能驱动 SEO 更有效，花费更多的精力在数据分析上，SEO 效果会更加健康和持续。

SEO 思维的核心是建立一个更接近 SEO 本质的思维框架体系，让 SEO 发挥更大的商业价值。

3.2　目标思维

在 2013 年第一周，作者在一家在线教育机构负责营销管理工作，当时给团队发了一封电子邮件，内容如下。

各位：

昨天，2013 年正式上班的第一天，我们一起根据公司新年度战略的基本思路，对 2013 年的细分目标又一次达成了共识。每个目标都具有一定的挑战，黑格尔说："目标有价值，生活才有价值。"我想说，我们在一个可能能为社会创造巨大正能量的公司，共同制定这样一个具有社会意义的可执行目标，我们的工作方向、工作价值足以成为我们持续奋斗的动力。

在我们一起共同挑战这些目标的过程中，我们的自我价值也会因此而得到升华。

昨天的部门座谈会，我们谈到了一个很重要的关键词，那就是"沉淀"。"沉淀"可以有很多内容，思维的沉淀、习惯的沉淀、经验的沉淀。2012 年，我们在"沉淀"中进步和奔跑。但是，2013 年，我想强调另一个关键词——"狼性"，我所理解的狼性文化是指充满智慧、严格纪律、勇于克服困难、积极的团队协作、清晰的目标及锲而不舍的精神。

我们是一支年轻的团队，跟随着这样一个年轻的公司一起奔跑着，请时时刻刻记住我们的目标，时时刻刻保持危机意识，坚持服务精神，艰苦奋斗，每天反省总结，带着方法做事，带着目标前行。

请各位仔细体会狼性文化，让我们一起在 2013 年更好地成长。

这是一封务虚的电子邮件，核心强调目标的价值及意义，尤其是对于目标的重视，它让团队的目标感更强，奋斗方向更明确。

关于目标对人生的影响，还有一个很好的例子，是哈佛大学的一个关于目标对人生影响的跟踪调查。调查对象是一群智力、学历、环境等条件基本相同的年轻人，调查结果发现：27%的人没有目标；60%的人目标模糊；10%的人有清晰但短期的目标；3%的人有清晰且长期的目标。经过 25 年的研究结果如表 3-1 所示。

表 3-1　目标对人生的影响

有无目标	所占比例	25 年后
没有目标	27%	底层 抱怨不公平
有愿望，但目标模糊	60%	中下层 生活较安稳
有清晰但短期的目标	10%	中上层 专业人士
有清晰且长期的目标	3%	顶尖人物

那些占 3%者，25 年来几乎都不曾更改过自己的人生目标，他们都朝着同一方向不懈地努力，在 25 年后他们几乎都成了社会各界的顶尖人物，不乏白手创业者、行业领袖和社会精英。

那些占 10%者，生活水平在社会的中上层。他们的共同特点是，短期目标不断被达成，生活状态稳步上升，成为各行各业不可或缺的专业人士，如医生、律师、工程师、高级主管等。

那些占 60%者，生活水平在社会的中下层，他们能安稳地生活与工作，但都没有什么特别成绩。

因此，每个人今天的生活状态，并不由今天决定，它是过去生活目标的结果。积极、长期且清晰的目标对每个人的影响和价值是非常显著的。对于一个专业且有责任心的 SEO 人员来说，在操作一个 SEO 项目的时候，第一件事就是认真思考和制定 SEO 目标，包括长期目标和短期目标，要实现这些目标需要什么资源支持，以及中间需要按照什么策略去执行等。这个逻辑可以理解为目标导向法，即基于确定的长期目标和短期目标去匹配相应的资源及实施的策略。

注意，制定目标应符合实际情况，通过自身持续努力能够达到。如果一个刚毕业的普通大学生，制定一亿元营收的目标，对绝大部分人来说是不现实的，这样的目标不切实际，没有执行价值。对一个 SEO 人员来说，如果网站刚刚上线，在有限的人力资源情况下，向上级承诺一年后网站日均 IP 能达到百万级别，这样的目标也不切实际。目前百度等搜索引擎对内容的抓取要求远比早些年高，如果没有能力很强的内容团队和技术团队，这样的目标就很难实现。

合理的目标制定需遵循 SMART 原则，这是由彼得•德鲁克提出的经典目标管理原则，S=Specific，M=Measurable，A=Attainable，R=Relevant，T=Time-bound，即目标管理五大原则：明确性、衡量性、可实现性、相关性和时限性。

小例子

搜外网

以搜外网为例，这是一个老牌 SEO 网站。如果搜外网的 SEO 负责人制定了一个全年 SEO 目标，目标描述为通过一年的努力，搜外网全站 SEO 流量到年底实现每天 5 万 UV，此日均 UV 的标准为年底最后一个月的 UV 日均值超过 5 万即达标，并以此制订月度策略和执行计划，该目标较往年同期增幅为 100%。

基于这个目标描述，可以根据 SMART 原则一一拆解。

明确性，即标准清楚，提升一倍 UV，并且在年底日均值超过 5 万，满足此原则。

衡量性，即目标明确可以衡量，尤其是可通过数据量化，该目标描述满足此原则。

可实现性，即目标是可以通过努力达到的。搜外网虽然是一个老牌 SEO 网站，但仍然有超过 80%的目标关键词排名不是在百度等搜索引擎首页的，理论上确实有足够的增幅空间，而且对于一个互联网企业来说，同比增幅 100%是一个正常数据，通过努力有较大可能实现此目标。

相关性，即目标与其他核心目标的关联性，一个企业最重要的核心目标是营收，所以 SEO 人员制定的核心目标必须与营收强相关。SEO 的 UV 意味着精准用户，而精准用户的增加会有效提升营收水平，所以满足相关性原则。如果 SEO 人员把 SEO 项目的核心目标定为外链或收录就不满足相关性原则，因为这个目标与营收不相关。

时限性，即时间的限制，此目标限期一年完成，满足此原则。

通过 SMART 目标管理原则，可以验证一个目标是否可实现，可实现的目标更有利于自己和团队的长期、健康、持续发展。但是在一些特殊情况下，目标也并非需要严格按照 SMART 原则验证。例如，在互联网迅猛的发展期，一个创新项目前期可能每年增幅都超过 3 倍，所以有时不能轻易给目标设限，也许能有一些意外收获。《孙子兵法》中说:“求其上，得其中；求其中，得其下；求其下，则必败。”这是古人对于目标的经典阐述之一。

制定一个合理的目标后，还需基于这个目标制订目标计划，目标计划包括定性结果和定量结果，以及实现目标结果需要做的事情、策略、需要的资源等。SEO 目标计划表如图 3-2 所示。

<table>
<tr><td colspan="2">PREPARED BY:</td><td>DATE:</td><td colspan="2">REVIEWED BY:</td><td>DEPARTMENT:</td></tr>
<tr><td colspan="6">SITUATION:</td></tr>
<tr><td>OBJECTIVE (End Result)</td><td>NO.</td><td>STRATEGY</td><td>OWNER</td><td colspan="2">PERFORMANCE MEASURE</td></tr>
<tr><td>定性结果。例如：
· 流量数
· 注册
· 订单
· 销售额</td><td>1
2
3</td><td rowspan="3"></td><td rowspan="3"></td><td rowspan="3" colspan="2"></td></tr>
<tr><td>TARGET/GOAL (Metrics)</td><td></td></tr>
<tr><td>定量结果。例如：
· 日均xxxIP/日
· 年度100万注册用户
· 产生10000个订单
· 销售额1000万元</td><td>4
5
6</td></tr>
</table>

图 3-2

目标计划表基于确定的定性目标和定量目标，对 SEO 人员或 SEO 团队而言，意义在于不仅明确了方向和手段，在安排月度计划或更详细的工作计划时，也会清晰得多。

3.3 关键词思维

3.3.1 关键词思维的定义

在目前的互联网技术中，搜索引擎的搜索逻辑仍然以关键词为主，关键词由各种各样的文本组成。随着互联网的发展，图像搜索、语音搜索技术开始流行，图像搜索是基于对图像特征的提取进行的相似内容搜索技术；语音搜索技术本质上基于关键词搜索逻辑，用户在说话的过程中，机器先将语音转换成文本文字，再输出搜索结果。

对于 SEO 来讲，关键词是整个 SEO 工作的基础，相当于是一座大厦的地基，关键词研究得透彻、全面，这个大厦就建设得越高、越稳固。

另外，关键词研究对整个营销工作的意义在于，SEO 价值不仅仅体现在百度这样传统意义的搜索引擎上，事实上，只要有搜索的地方就有关键词，就有流量，有流量就意味着商业机会。例如，抖音和微博等平台的搜索需求很多，所以通过抖音 SEO 或微博 SEO 可获得较多的流量。

3.3.2　如何选择关键词

一般情况下，选择关键词要先深入理解目标，对目标进行充分的可行性分析，然后结合目标去了解 SEO 项目需要什么关键词即关键词挖掘，最后对挖掘出的目标关键词进行管理和实施。

下面以百度搜索引擎为例，说明选择关键词的方法。现在要做一个 SEO 相关的综合资讯网站，选择关键词有以下几种方式。

（1）百度下拉框和相关搜索

如图 3-3 所示，搜索“SEO”时会出现下拉框，在搜索的结果页面底部也有相关搜索的关键词，这些关键词提供了有价值的线索。正常情况下，百度下拉框和底部的相关搜索，都是与搜索词有关的较多搜索量的关键词，需要重点关注。

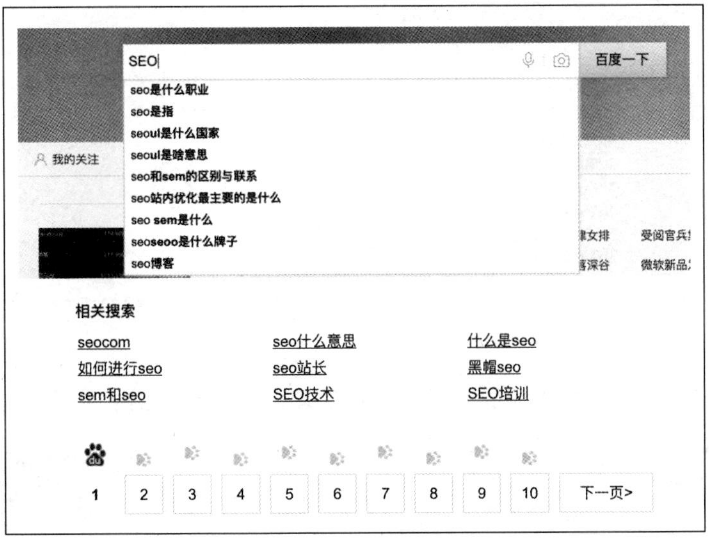

图 3-3

基于相关搜索关键词推荐，再往下挖掘，如按同样的方法搜索“SEO 技术”，又可以发现一些有意思的词，如图 3-4 所示。沿着这些词的线索，不断地往下挖掘，会挖掘出很多有价值的关键词。如果具备编程能力，可以按照这个逻辑编写一个简单的爬虫程序，设置好基本的词根，效率更高。

上面是最简单的关键词挖掘思路，也可根据自身的业务或产品进行自由组合。第 2 章介绍了 SEO 基础知识，这些知识点本身是不包含“SEO”这个词的，但都属于 SEO 内容范畴，所以可以直接将这些知识点作为基础词根进行自由组合或相关拓展。

例如，搜索“友情链接”，在百度下拉框中可以获得有价值的线索，如图 3-5 所示。

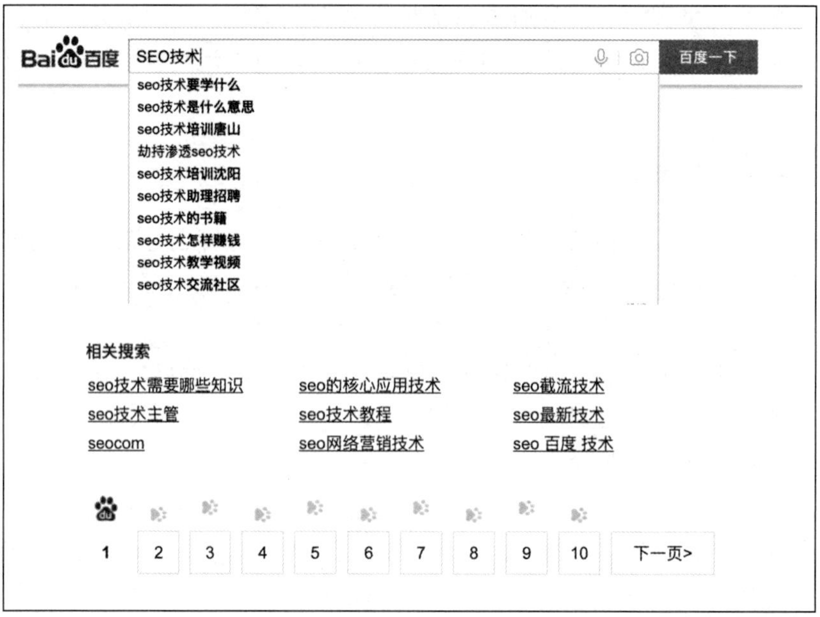

图 3-4

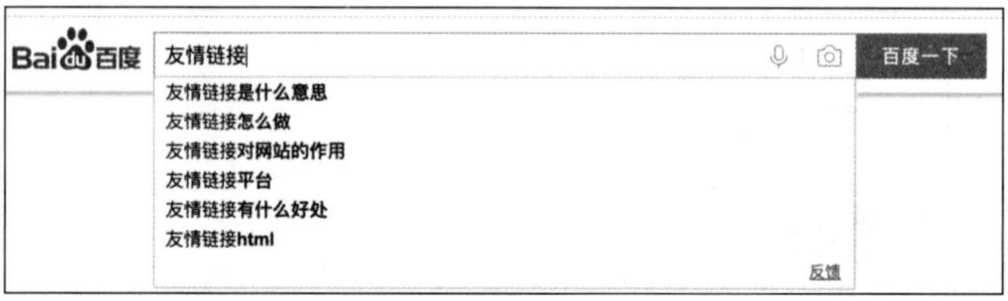

图 3-5

例如，搜索 h1 标签，在百度下拉框中也可以发现一些有价值的长尾关键词，如图 3-6 所示。

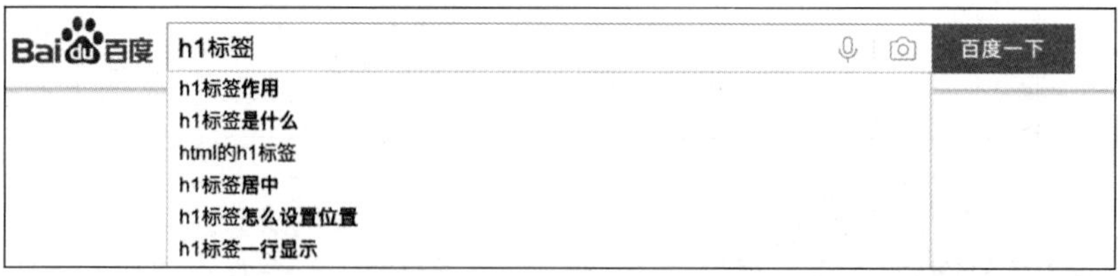

图 3-6

通过上述分析发现一个特点，即大部分用户关心这个词是什么意思和怎么做，此时对多个关键词特征进行分析，可以专门为这类关键词设计组合，或在内容落地时设计相应的栏目。

（2）挖掘竞品

通过分析竞品的关键词布局挖掘有价值的关键词。

例如，一个旅游网站，可以通过第三方站长工具查询竞品的 SEO 关键词，然后结合竞争程度和自己网站的目标进行挖掘和管理，如图 3-7 所示。

关键词		排名	收录量	趋势图	标题
厦门旅游报价	搜	1 ⬆1	1970000		厦门旅游_厦门...
成都到欧洲旅游	搜	1	2870000		成都到欧洲旅游...
日本旅游价格	搜	1	41200000		南通到日本旅游...
锦绣中华门票团购	搜	1	684000		【锦绣中华门票...
东部华侨城门票团购	搜	1	2940000		【东部华侨城门...
俄罗斯旅游报价	搜	1	1070000		南通到俄罗斯旅...
武夷山旅游报价	搜	1	43100000		武夷山旅游_武...
海南游报价	搜	1	37800000		海南旅游_海南...

图 3-7

图 3-7 所示为通过第三方站长工具看到的某旅游网站的部分关键词列表，由此可以发现一些基本特征。例如，用户会关注价格、会搜索某某价格之类的关键词，通过关键词列表汇总更多的样本后，还可以对关键词的特征进行深入分析，得到更多有价值的关键词线索。

（3）百度竞价后台

使用百度推广的账号打开百度竞价后台，输入相关的词根，百度会推荐一批精准的长尾关键词，还包括搜索量、竞争激烈程度等信息，如图 3-8 所示。

北京旅游　搜索

关键词　关键词包

添加全部　下载　包含、不包含

关键词	来源	出价	整体周均搜索量（次）			竞争激烈程度
			整体	移动	计算机	
北京旅游	周末好词,夜...	3.46	2513	1932	574	14
北京旅游线路	黑马,周末好...	3.76	511	434	77	10
去北京旅游攻略	周末好词,夜...	4.82	161	49	112	16
北京旅游路线	周末好词,夜...	4.33	210	133	70	13
北京旅游旅游社		1.74	<5	<5	<5	14
北京旅游功略	夜间好词	4.55	<5	<5	<5	5
北京旅游攻略自由行路线		1.56	<5	<5	<5	7
北京旅游景点	黑马,周末好...	2.4	1491	1288	203	11

图 3-8

关键词挖掘基本上能有效覆盖与目标相关的所有关键词，接下来要对这些关键词进行二次结构化整理。

如果关键词数量少，可以利用 Excel 进行管理，如设计一个简单的关键词清单表格，包含关键词、对应的 URL、收录和排名情况等，如图 3-9 所示，按照这种方式记录数据，再根据数据情况不断优化。

一级分类	二级分类	关键词	文章标题	URL	是否收录	百度 PC 排名	百度移动排名

图 3-9

如果关键词数量多，建议通过系统进行管理。例如，某个网站有数万个关键词排名在百度首页，高峰时每天有数百万的 SEO 流量，这些关键词可通过系统进行管理。系统会将没有收录的页面和没有排名的页面展示出来，整个关键词库也会在这个系统中与页面进行充分关联。编辑人员要关注现在哪些词有排名，哪些词没有排名。编辑人员每天的工作就是围绕这些没有排名的关键词进行内容生产，有排名的关键词持续维护即可，这样团队的生产效率大大提高。

注意，SEO 的重要工作之一是内容生产，挖掘整理完整的关键词库，内容生产设计机制也需要始终围绕这个关键词库进行，使内容与关键词库有机地连接起来，提高 SEO 工作效率。

3.4 长尾思维

对于搜索引擎来说，关键词越短搜索量越多，如关键词“英语培训”的搜索量肯定比“北京海淀区英语培训机构”的搜索量多。这些搜索量多的关键词称为核心词。将关键词比较长且搜索量少的关键词称为长尾关键词。核心词虽然搜索量多，但数量少，竞争激烈，如英语培训行业的核心词可能只有“英语培训”“英语培训机构”“英语培训班”等。长尾关键词虽然搜索量少，但其数量多，长尾关键词搜索总量相加会超过核心词数量，如英语培训行业的长尾关键词有“海淀区英语培训机构”“昌平区英语培训班”“北京英语培训机构哪家好”“苏州街附近的英语培训班”等，通过地域前缀或通用后缀可以组合出大量长尾关键词。

长尾关键词是相对于核心关键词或重点关键词的关键词，它具有以下 3 个特征。

第一，长尾关键词比较长，一般由两个及以上的词组成，如“SEO 培训机构”，甚至更长的如“北京 SEO 培训机构”。

第二，长尾关键词一般竞争程度较低。通过大量数据分析，可能会发现一些流量的洼地，即一些用户仍然在大量搜索竞争程度很小或几乎没有的关键词。大型网站往往会花费很大精力研究长尾关键词，以寻找到流量的洼地，然后通过海量的内容优化，最终快速获得大量的精准流量。

第三，长尾关键词的针对性非常强，相比短词，长尾关键词的用户动机更明确，而且长尾关键词的转化率大都高于有高检索量的短词。

如果运营一个大型网站，需重视长尾关键词。例如，去哪儿网、百姓网等网站，超过 80%的 SEO 流量都来自长尾关键词，这些流量产生的贡献率也超过了 80%。

长尾关键词基于网站的目标而确定。目标确定，方向确定，产品和服务确定，关键词词根就可以确定，长尾关键词基于这些词根进行拓展，如图 3-9 所示。

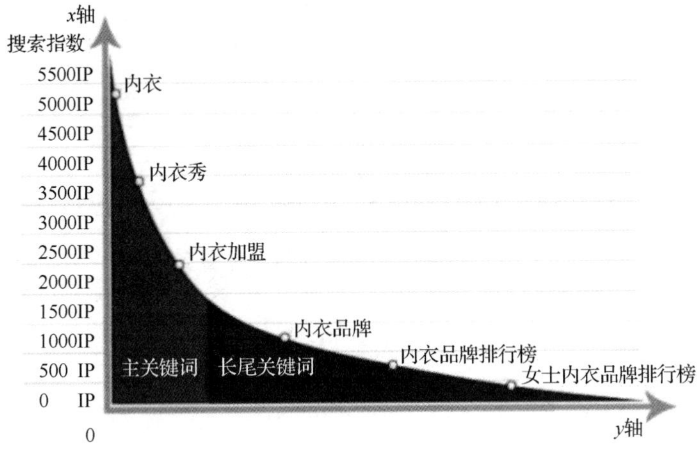

图 3-9

搜索长尾关键词的用户具有更明确的行为动机，在网站上访问的时间也更长。如图 3-10 所示，虽然“英语”这个词搜索量大，但是因为搜索这个关键词用户的行为动机不明确，所以搜索这个关键词点击过来的用户跳出率和访问时长的数据，相比其他关键词都是较差的。

搜索词		网站基础指标			流量质量指标
		浏览量(PV) ↓	访客数(UV)	跳出率	平均访问时长
1...	最新电影院	605	411	79.28%	00:08:17
1...	吃喝玩乐网	604	170	50.54%	00:11:02
1...	沈阳比尔森烤肉	604	249	70.43%	00:07:26
1...	第五俱乐部ktv	604	245	42.53%	00:07:02
1...	英语	603	384	91.78%	00:04:45
1...	团购万达电影票	602	271	70.51%	00:05:23
1...	太平洋电影城 成都	602	308	64.17%	00:05:29

图 3-10

注意，“英语”这个词搜索量大，同时竞争激烈，一个网站获取到这个词流量的机会不大，如图 3-11 所示。

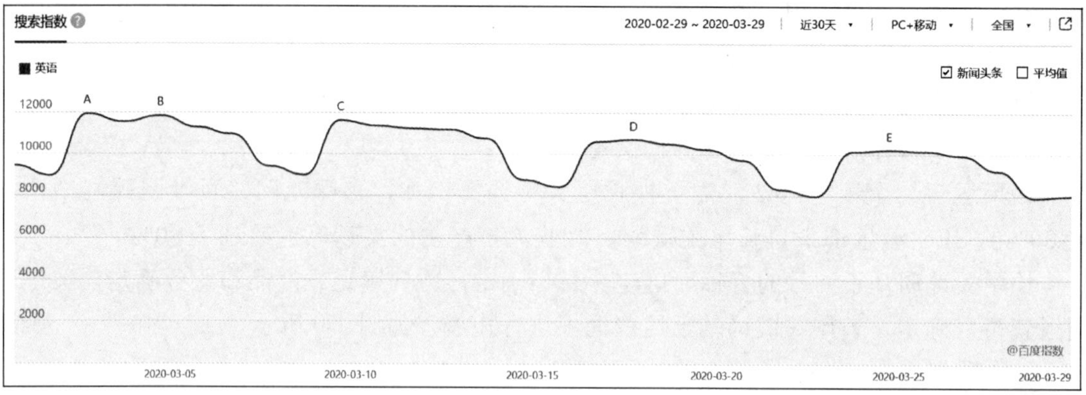

图 3-11

3.5 免费思维

用户在搜索关键词后，往往希望能在最短的时间内得到及时、免费的反馈，因此免费思维在实际 SEO 项目中应用较多。

小例子

HubSpot

美国有一个 SaaS 公司 HubSpot，于 2014 年上市，股价每年都在上涨，主要得益于这个公司的低成本获客系统。这个公司的大部分流量都靠 SEO 引流，SEO 流量进来后通过免费策略引导用户留下高价值的企业用户意向线索。

例如，在谷歌搜索“how to use Excel”，排名结果除谷歌自有产品 YouTube 的结果外，第一名是 HubSpot 的页面，打开这个页面，会看到关于“How to Use Excel”的内容，这个页面内容质量非常好，让 HubSpot 的这个页面长期排在谷歌搜索的第一名，这是 HubSpot 的第一个免费策略。

这个关键词每天的搜索量很大，但是因为其他网站的内容质量都达不到 HubSpot 的水平，所以排名一直非常稳定，谷歌不会因为 HubSpot 是一家商业机构而故意降低它的排名，页面中的文章对用户也有很高的价值，如图 3-12 所示。

第一步免费的策略已经吸引用户驻足停留，因为内容质量非常好，所以这个免费策略已经圈粉不少。下一步是进行第二个免费策略的引导，送给用户 9 个免费的 Excel 市场营销模板，如图 3-13 所示，因为搜索 Excel 的用户中会有大量的非营销从业者，与 HubSpot 公司的 SaaS 营销业务不相关，所以就专门针对营销从业者提供了 9 个免费模板，吸引营销从业者的用户，这样 HubSpot 就与自己的目标用户群进行了良好的互动和连接，从而实现 SaaS 产品的销售，整个过程几乎没有成本。

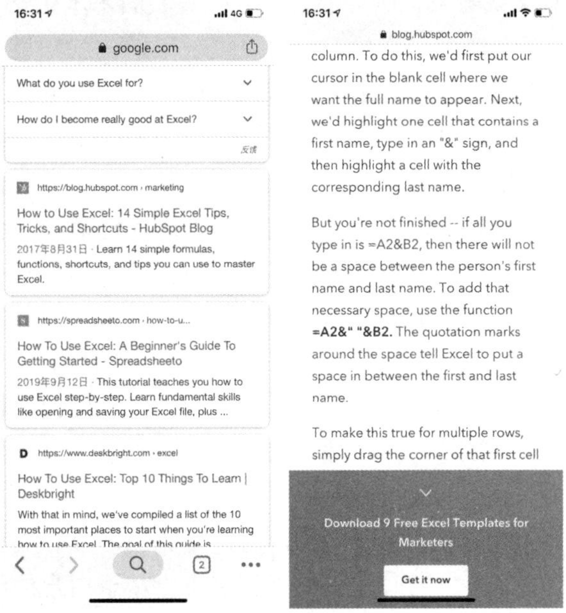

图 3-12

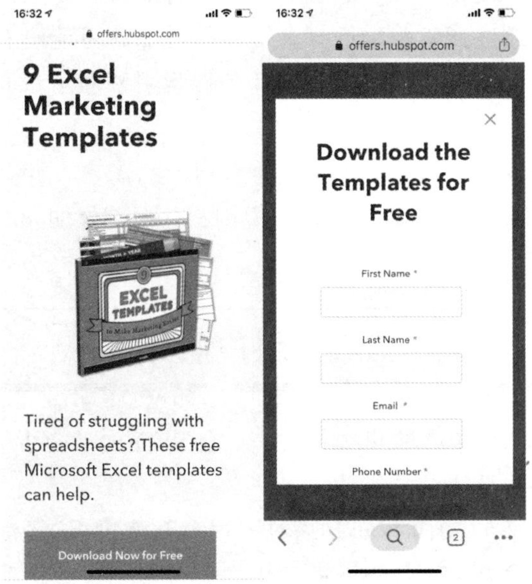

图 3-13

国内也有这样的案例，QQ、微信、淘宝、360 等都是因为使用了免费策略，而且产品质量过硬，从而获得了大量的用户。

在互联网诞生之初，免费策略使多家公司受益，得到了快速成长，尤其是对于搜索引擎这样的基础应用，网站是构成搜索引擎内容生态的基础，搜索引擎对网站的基本要求是持续提供高质量的免费内容给搜索引擎的用户。

要想通过 SEO 获取大量流量，免费策略是一个重要的基本策略，这与搜索引擎平台的特点有很大关系。正如百度搜索引擎的口号“百度一下，你就知道”一样，搜索引擎核心解决了用户遇到的各种认知问题，让用户在搜索后就能得到答案。

对于电商平台，免费策略也没有失效，因为纯商品的流量是有限的，要想覆盖足够多的关键词，还需要大量的免费内容吸引。例如，用户搜索“某某豆浆机怎么样”这样的关键词，用户关注的是产品的质量或其他用户的评价，因此电商或电商导流平台一般会有一个和产品评测相似的模块来承接这部分流量，通过免费内容的形式引导用户下单。

免费策略的本质是为用户提供一个零门槛的体验，以最短的时间和最低的门槛建立与用户的关系，进而建立与用户之间的信任。SEO 可以充分应用免费策略，同时其他的营销方式也可以借助免费策略获得大量的潜在用户，从而获得新的商业机会。基于微信公众号的自媒体、基于抖音的短视频自媒体，都采用免费策略吸引大量粉丝，沉淀自己的流量，然后获得新的机会。

随着各类互联网产品和内容的不断丰富，用户对免费内容和免费服务越来越挑剔，因为在大量的免费内容面前，用户的时间变得更加宝贵。基于用户的时间成本角度，在设计免费产品时，需要注意以下两点。

第一，保证免费内容或免费服务的品质好，只有品质好，用户通过关键词访问，才不会轻易流失，因为用户通过搜索引擎而来，对网站或品牌可能没有信任基础。从搜索引擎角度来说，用户访问到这个页面，跳出率低，使搜索引擎做出对此页面有利的判断，并给予更好更稳定的排名。

第二，在进行下一步商业引导时，尽量符合用户的需求，并有所取舍，如 HubSpot。乔·吉拉德曾说：“销售，绝不是降低身份取悦用户，而是像朋友一样给予合理的建议。你刚好需要，我刚好专业！”

3.6 用户思维

用户思维是指以用户为中心的思维模式，一个 SEO 项目能否健康、持续进行，以用户为中心的内容策略和产品设计至关重要。

微信的创始人张小龙在 2019 年年初做过一次公开演讲，这场演讲在演讲结束后获得了大量的关注和赞扬。技术人员对张小龙的演讲内容做了一个统计，提到最多的词分别是：用户 114 次、朋友 105 次、时间 43 次、希望 37 次、问题 30 次、真实 18 次、原则 16 次、善良 12 次。

在演讲中张小龙多次提到要和用户做朋友，站在用户视角去思考这个产品，才能做出让用户真正喜欢的产品，这也是微信做得好的原因。

用户思维的 4C 理论，由罗伯特·劳特朋教授于 1990 年首次提出，即用户（Consumer）、成本（Cost）、方便（Convenience）、沟通（Communication）。这 4 个要素以用户为中心，罗伯特·劳特朋教授还提到：

- 用户不会关心产品是什么，只在乎自己的需求是否得到满足；
- 用户不关心产品铺设了哪些渠道，只在乎自己买东西是否便利；
- 用户也不关心产品怎么定价，只在乎能否节约自己的成本；
- 用户更不关心产品怎么宣传促销，只在意沟通的效率和信息的有效性。

因此，以用户为中心的核心逻辑是关心用户的本质需求而非过程需求，这样才能更好地解决用户的需求问题。

对 SEO 来说，用户思维可以帮助 SEO 负责人设计更好的 SEO 内容和 SEO 产品。例如，HubSpot 的免费策略是一个典型的以用户为中心的 SEO 流量及转化流程设计，用户学习如何使用 Excel，本质上不是为了学习 Excel，而是通过学习 Excel 提高工作效率，因此 HubSpot 提供了 9 个免费的经典 Excel 营销模板，为用户的最终需求进行了营销环节的设计。

3.7 排名思维

如图 3-14 所示，左图为百度，右图为谷歌，这是一个国外研究机构在研究和对比百度与谷歌用户首页扫视热力图得出的结果。

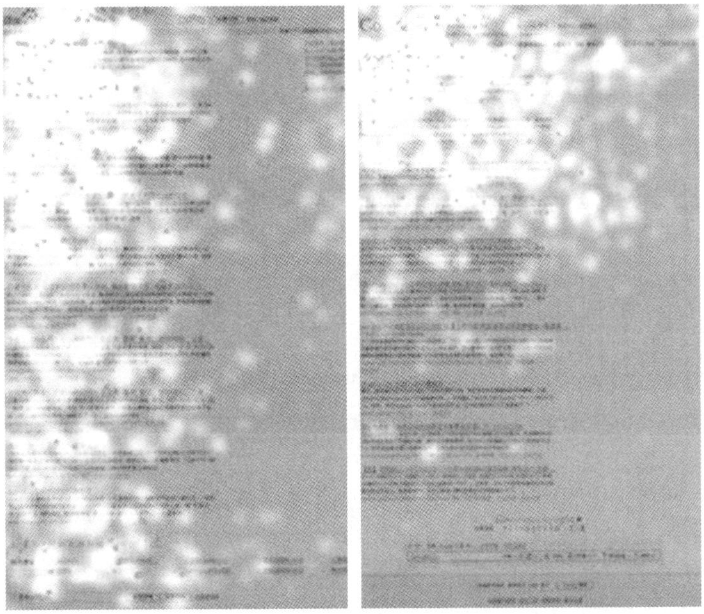

图 3-14

在研究和对比百度与谷歌用户首页扫视热力图后发现，百度用户和谷歌用户的行为存在明显差别，谷歌用户可以很快地找到自己想要的答案，但百度用户需要往下滑动更多才能找到想要的答案。分析结果还存在一个共同的特征，即大部分用户都会聚焦前三名的内容，因为用户的习惯往往默认自上而下地寻找结果。

排名思维的核心是排名。当所有的 SEO 基础工作都完成后，后续工作就是通过各种方式不断地提升网站的排名，不断地寻找新的关键词继续提升它的排名，以及持续巩固现有排名。

对网站来说，排名越靠前，越容易获得更多的流量，若网站的关键词数量庞大，还要进行系统管理，才能提升排名效率，具体可参考 3.3 节。通过系统性管理关键词和排名数据，根据关键词无排名、排名差和排名好 3 种情况，针对性地持续优化站内、站外资源，以达到持续的更优排名。

除关注搜索引擎排名外，排名思维也可以提高网站的运营效率。通过 SEO 技术获取的用户对于网站而言，用户如果能够在网站多停留、多浏览页面，变现的机会就越大。优质的内容，对通过不同搜索关键词进入网站的用户，给予明显位置进行推送；网站推送的产品，按照热门进行排序，以节省用户的时间。基于排名思维的本质，结合网站提供的内容和服务本身，可以自行寻找到很多好技巧。

3.8 数据思维

无论 SEO 项目大小，数据思维能力都能让 SEO 工作变得更有效率，过程及最终目标的达成更可控。数据思维要求对 SEO 相关的流量及用户数据指标有一个清晰的认识，同时了解基本的数学知识如统计学等，使 SEO 过程更科学。

3.8.1 流量与数据指标

一个网站的流量及用户数据指标，和线下超市有很多相似之处，网站的用户和线下超市的顾客本质上都是一样的，流量逻辑图如图 3-15 所示。

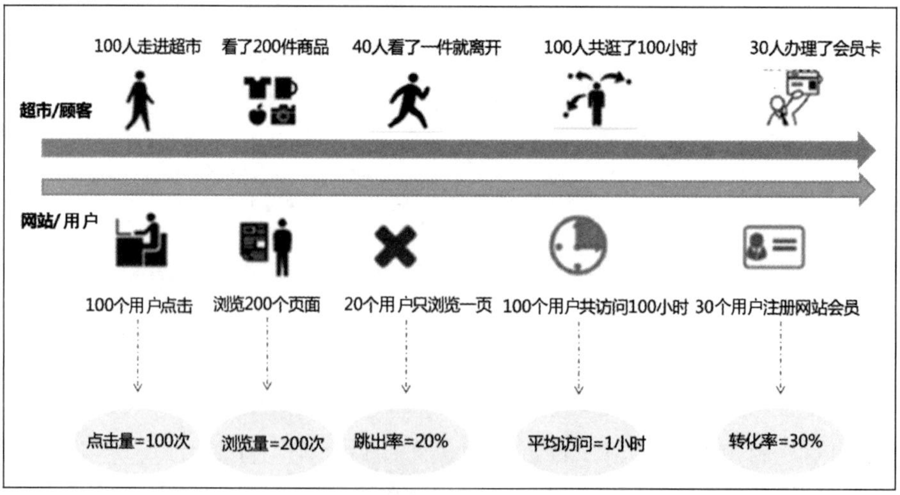

图 3-15

通过流量逻辑图，对网站的流量及运营数据的理解更加生动形象，基于这个理解，还可以提炼更多常见的数据纬度和指标，以进行更详细、完整的数据分析，数据分析常见纬度和指标如图 3-16 所示。

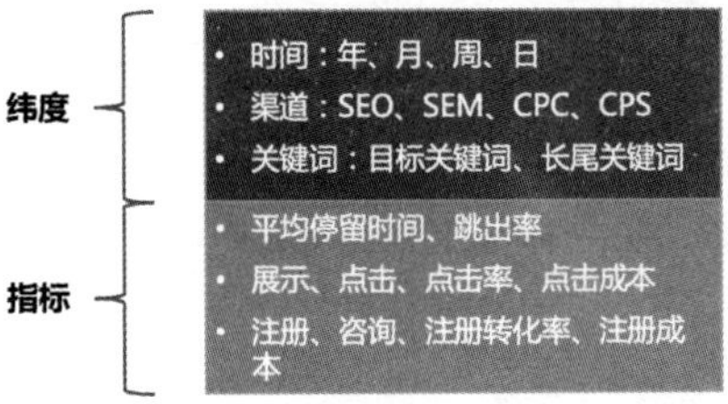

图 3-16

然而为什么要做数据分析？按照关键词库把排名做上来是不是就可以了？其实，并非所有的关键词都具有一样的价值，不同关键词的商业价值有可能差 10 倍以上，此时需要 SEO 人员衡量，在有限的精力和资源的情况下，为了高效实现商业目标，必须要选择综合性价比最高的关键词进行优化。

小例子

某电商网站的日常数据

当忽视数据分析的时候，一般 SEO 人员关注的日常数据是关键词的排名和流量，如图 3-17 所示，这是目前某些 SEO 项目的实际情况。

某电商网站3月关键词流量

关键词	排名	带来的流量（IP/月）
豆浆机	3	5000
九阳豆浆机	1	500
九阳豆浆机价格	1	300
九阳豆浆机哪款好	1	200
九阳豆浆机官方网店	1	200

图 3-17

实际上，这些数据对 SEO 决策的价值并不大，并非流量多的关键词商业价值就高，就像 3.4 节所介绍的，搜索短关键词的用户行为动机并不明确，因此要产生明确的转化就相对困难。同样地，即使都是长尾关键词，每个词的商业价值也不一样，因为长尾关键词包含的属性多，不同的属性特点其商业价值差别很大。

SEO 人员需重视数据分析，对每个关键词的数据进行细化和完善，如图 3-18 所示。在这些更详细数据的支撑下，会了解优化竞争激烈的词是多么费力不讨好。通过这些数据，明确了下一步的优化方向，就不必消耗太多精力优化难度高但转化率低的关键词。

某电商网站3月关键词流量分析									
关键词	排名	流量（IP/月）	注册用户	注册转化率	订单	订单转化率	销售额	客单价	流量价值
豆浆机	3	5000	20	0.4%	1	5.0%	498	498	0.1
九阳豆浆机	1	500	40	8.0%	5	12.5%	2500	500	5.0
九阳豆浆机价格	1	300	50	16.7%	5	10.0%	2600	520	8.7
九阳豆浆机哪款好	1	200	30	15.0%	6	20.0%	2940	490	14.7
九阳豆浆机官方网店	1	200	40	20.0%	8	20.0%	3880	485	19.4

图 3-18

3.8.2 漏斗分析与 A/B 测试

常规的关键词转化分析通过更加细致的数据，来科学支撑每个操作的计划和方向。漏斗分析是一种常见的数据分析模型，对于 SEO 产品流程优化有很大帮助，如图 3-19 所示。此漏斗分析案例描述了每个环节的流失情况，通过这个数据，可以清楚知道每个关键环节的优化潜力。

通过漏斗分析只能了解转化率提升的潜力，并没有提供一个提高 SEO 流量转化率的方法。解决这个问题的方法是持续进行科学的 A/B 测试，即针对相同样本的用户提供两个不同的版本，让一部分用户看到 A 版本，另一部分用户看到 B 版本，通过数据对比观察确定最优方案，测试原理如图 3-20 所示。

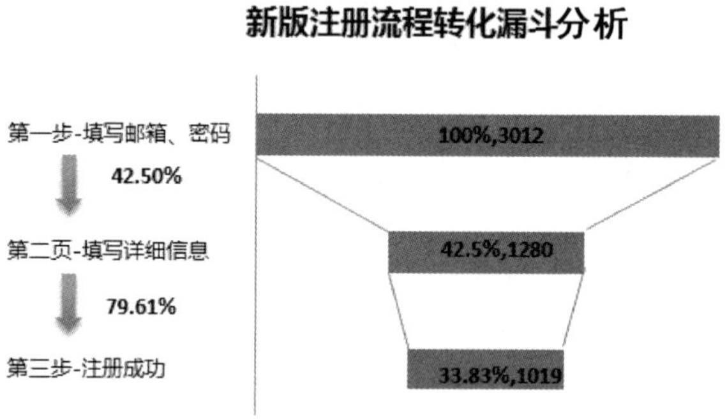

图 3-19

通过 A/B 测试的方法可以持续地实验各种猜想，有些猜想是对的，而有些可能是错的。随着实验数量的增加，获得的更佳方案越多，转化率的提高潜力也越大。A/B 测试的常见应用场景如图 3-21 所示。

SEO 不仅需要关注流量本身，还要关注流量的质量，以及流量来了之后如何转化。而通过科学的数据分析，可以让后两件事情做得更加完善。

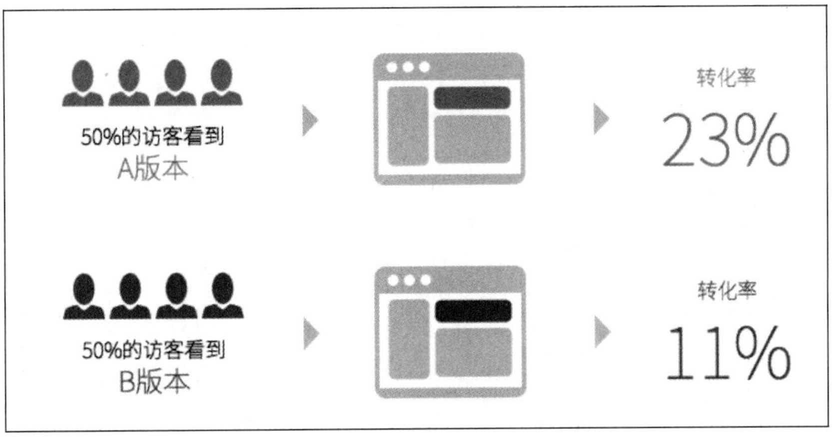

图 3-20

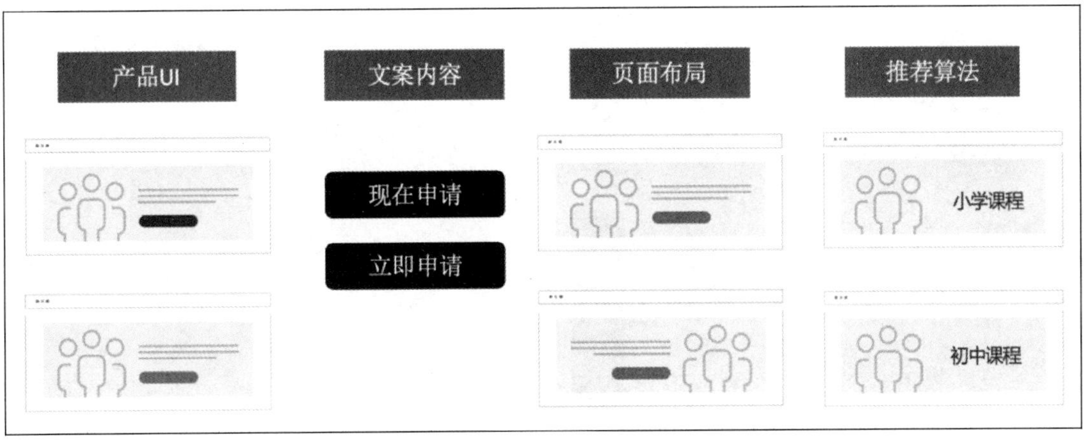

图 3-21

3.8.3　网站诊断

除关注流量的质量和转化率数据外，SEO 的整体把控也需要纳入数据统计和分析的范围，网站的持续诊断逻辑如图 3-22 所示。

根据网站诊断逻辑图，定期对网站进行诊断分析，可通过表格的形式定期对诊断的结果和相关数据进行记录，如图 3-23 所示，以帮助 SEO 人员管理网站，使 SEO 工作健康、持续进行。

定期（如一个月）对网站进行全面快速诊断，可以提前发现 SEO 的一些风险。例如，可能因为某种原因导致的大量死链接，如果不及时发现，就会产生损失，这就是定期诊断预警的作用。

数据驱动 SEO 持续良性、健康地增长，良好的数据统计和进度汇报习惯也十分必要，SEO 流量的数据汇报示例如图 3-24 所示，也可以在此基础上增加 SEO 订单数据或 SEO 转化率的持续变化数据等。

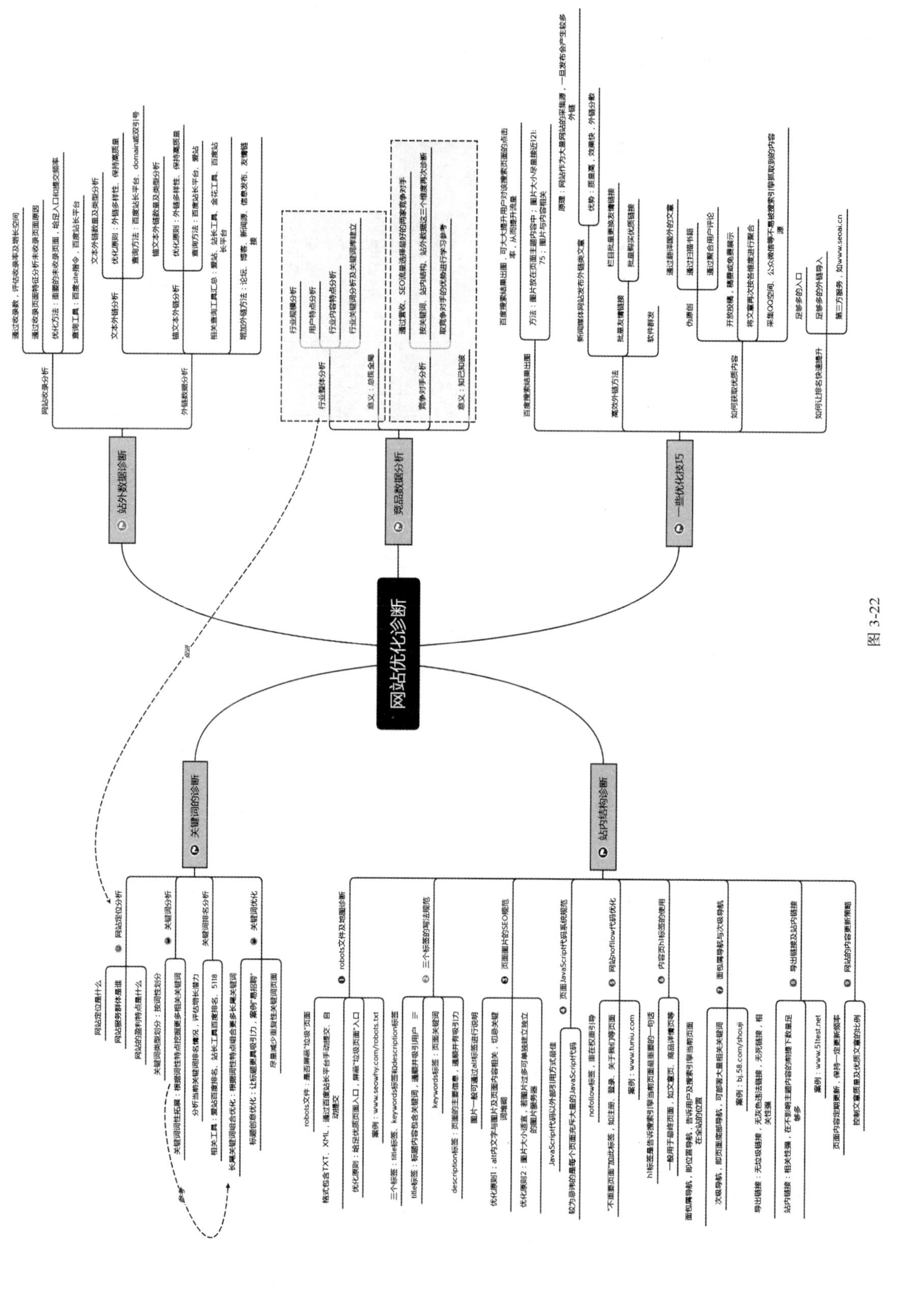
网站优化诊断
站外数据诊断
竞品数据分析
一些优化技巧
关键词的诊断
站内结构诊断
网站收录分析
外链数据分析
行业整体分析
竞争对手分析
百度搜索结果出图
高效外链方法
如何获取优质内容
如何让排名快速提升
网站定位分析
关键词分析
关键词排名分析
关键词优化
robots文件及地图诊断
三个标签的写法规范
页面图片的SEO规范
页面JavaScript代码规范
网站nofollow代码优化
内容页h1标签的使用
面包屑导航与次级导航
导出链接及站内链接
网站的内容更新策略
参考
启发

图 3-22

步骤	事项	关注点	问题	优化方案
关键词	关键词排名分析	核心关键词排名和长尾关键词排名情况		
	关键词优化	关键词词性、是否部署大量长尾关键词，标题创意优化		
站内结构诊断	网站结构	是否为良好的树状结构		
	Robots 文件	书写规则		
	网站地图	书写规则		
	三个标签规范	书写规则		
	JavaScript 代码规范	是否站外调用		
	URL 静态化与标准化	是否有大量动态参数，是否存在多个 URL		
	nofllow 标签规范	是否合理应用		
	h1 标签使用	是否合理应用		
	面包屑导航和次级导航	是否合理应用		
	内链及导出链接	内链是否丰富和合理，导出是否合法		
	404 页面	是否有 404 页面		
	内容更新策略	更新是否规律，质量是否合格		
站外数据诊断	网站收录分析	各类型页面收录数及收录率		
	外链数据分析	外链数量及类型，质量如何		

图 3-23

SEO流量进度表

渠道	月目标（访问次数）	09.01	09.02	09.03	09.04	09.05	09.06	09.07	09.08	09.09	09.10	上旬	中旬	下旬	已完成	完成进度	负责人
总流量	410000	12493	12027	12129	11135	14411	14885	16293	19767	21758	17551	152449	161506	178179	492134	120%	小明
百度	100000	1585	1614	1581	1472	1535	1666	1166	2320	2426	1019	16384	24851	29505	70740	71%	小花
搜搜	20000	461	1108	864	345	426	446	564	947	943	548	6652	5451	4287	16390	82%	小红
搜狗	20000	1016	409	315	259	228	313	327	545	531	275	4218	3169	3125	10512	53%	小马
360搜索	20000	3655	3086	3730	3959	3805	2606	4426	4816	4392	5154	39629	35253	38083	112965	565%	小李
谷歌	60000	1480	1242	1167	1317	1403	1845	1641	2004	2438	2362	16899	23276	26922	67097	112%	小周
引荐链接	80000	0	0	0	1	2	1	199	150	212	215	780	2297	219	3296	4%	小蔡
广告链接	50000	167	91	164	157	2567	3828	3802	3310	2861	3198	20145	13458	20747	54350	109%	小李
自有流量	60000	1834	1883	1920	1259	1922	1449	2038	1886	3082	1612	18885	19011	34108	72004	120%	小周

图 3-24

第4章

通过SEO赢利

SEO的本质是一种精准营销的方法，对企业的价值在于通过SEO可以持续获得低成本的精准流量。对从业人员来说，学习SEO技术，不仅能为职业发展提供助力，还能增加收入。SEO的准入门槛相对较低，只要有计算机基础，都可以通过认真学习掌握SEO技术。

本章主要介绍SEO常见的赢利思路，不仅个人适用，企业也适用，很多传统企业通过SEO增加了收入。学习本章，可以对SEO基础知识和SEO思维内容的理解更加深入，专业技术与思维模式同样重要，两者兼具，再结合实际情况，赢利事半功倍。

4.1 成为站长

从互联网诞生之初，就出现了这样一群特殊的人，这个群体是最接近互联网的草根群体，他们拥有自己的互联网独立域名，上线运营了各种各样的网站。这些人都属于站长范畴，他们可能是学生、老师，也可能是工程师或普通上班族。随着互联网的发展，有些个人运营的网站变成了大型网站，如李想早年创立的泡泡网。

4.1.1 积累人气

运营网站不一定为了赚钱，也可能为了记录，但在一定程度上都积累了人气。例如，一些独立博客的博主建立独立博客的目的是将自己的心得和经验通过独立网站的形式进行分享，以老姚博客为例，如图4-1所示。

老姚博客第一个版本上线于2009年，当年主要为了有一个真正属于自己的博客来进行专业知识的分享。其中，最“火”的是一个答疑帖，有两百多位网友提出了各种专业问题，作者一一进行了解答。这种互动方式不仅能分享自己的SEO知识，帮助他人，还能巩固自己的心得和理论。

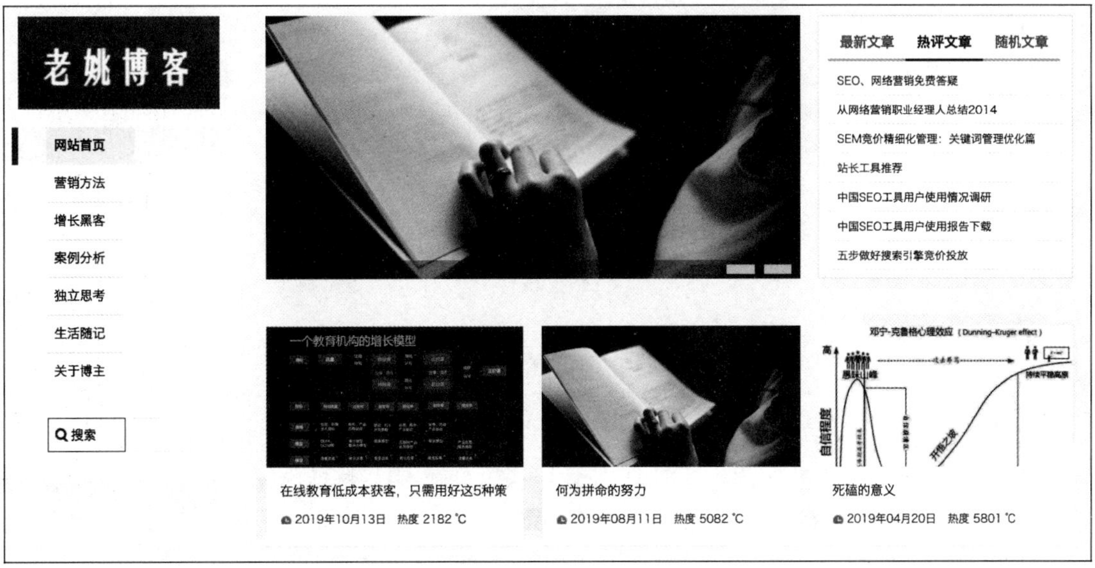

图 4-1

4.1.2　成为流量供应商

大部分人成为站长的目的是赢利，因此要先了解 SEO 的赢利模式，再结合自己的内外部优势，使收益最大化。站长的核心是让自己成为流量供应商，因为通过 SEO 获取流量，随着流量不断增加，网站的流量成本几乎为零，所以 SEO 一直被认为是一个非常“划算”的策略。即使在移动互联网迅速发展的今天，SEO 仍然是很多网站的重点工作，同时还承担着降低整体获客成本的重任。

对个人站长而言，成为流量供应商主要有两种赢利方式。一种是售卖广告或接入广告联盟，通过广告变现；另一种是通过销售产品或服务变现。本节主要介绍前一种，这种网站称为流量型网站，即以追求大流量为目的的网站。

流量是商业的源泉，当网站具备一定的流量后，广告主或广告联盟平台会主动联系该站长，站长也可以主动拓展广告客户或直接注册广告联盟平台，为网站增收。流量型网站流量大都比较泛，即流量的来源多种多样，此时接入大型第三方广告联盟平台的优点如下。

- 现在大型广告联盟平台的个性化推荐算法都比较成熟，能够做到及时给不同特征的用户推荐用户可能感兴趣的广告，从而提高广告的点击率。
- 大型广告联盟平台通过多年的积累，已经拥有了大量的广告主，无须自己再拓展广告客户，可将精力聚焦在网站 SEO 上，以不断获取更多的流量。
- 大型广告联盟平台的后台广告创意与物料都比较丰富，可以使网站的流量价值得到最大转化，同时也支持一个网站接入几家广告联盟系统，这样网站不会太依赖某个广告联盟渠道，变现灵活性更强。

目前，国内最大的广告联盟是百度联盟，每年分给站长群体的广告收益达几十亿乃至上百亿元人民币，这是站长重要的收入来源之一。因此要运营流量型网站，必须了解百度联盟及其规则。

小例子

百度联盟

百度联盟与终端厂商、运营商、网站、移动 App、软件等多类伙伴紧密合作，支持全渠道、多样化的合作方式，涵盖各类推广需求。迄今为止，百度联盟已推出了网盟推广合作、搜索推广合作、移动应用合作、hao123 推广合作、聚屏推广合作等多种业务合作形式。基于 AI、云计算等技术的应用，百度联盟整合线上线下庞大数据，实现精准的人群定向技术，为广告主提供“350+”生活品类的实际场景，融汇数亿内容，覆盖 7 亿互联网用户，以及日均百亿级线上行为的数据沉淀。

2018 年，百度联盟和合作伙伴分享收益超过 180 亿元。其中，收益千万元以上会员新增 70 家，亿元以上新增 18 家；信息流、开屏联盟收益共享也超过 30 亿元，内容联盟平台双边收益共享也在 25 亿元以上。

2019 年，百度联盟从“流量联盟”向“用户联盟”升级，为合作伙伴构筑更加开源的移动互联网生态，深度理解和服务用户，掘金新红利。百度联盟通过场景共建、智能小程序等多重举措和平台，进行行业深耕、平台升级，推出整体解决方案，实现深度转化并提升变现能力，继续赋能合作伙伴，并帮助伙伴突破流量困境、拥抱和服务用户。同时，百度联盟发布百青藤平台。百青藤平台整合了百度联盟在 App、WAP、PC 的全部资源，拥有海量广告主资源，通过一站式服务，提供全方位的商业变现解决方案。通过更加全面、系统的激励机制及更高效的流量变现，提升联盟伙伴收益。

百度联盟的准入门槛相比其他联盟要高，对网站有一定的要求，但合作流程并不复杂，只要有一个具有一定流量的网站即可，注册流程如图 4-2 所示。

图 4-2

与百度联盟进行了充分广告合作的站长数量超过几十万，这主要得益于百度联盟的广告个性化推荐技术，提升了站长的综合流量效益，百度联盟的特点如图 4-3 所示。

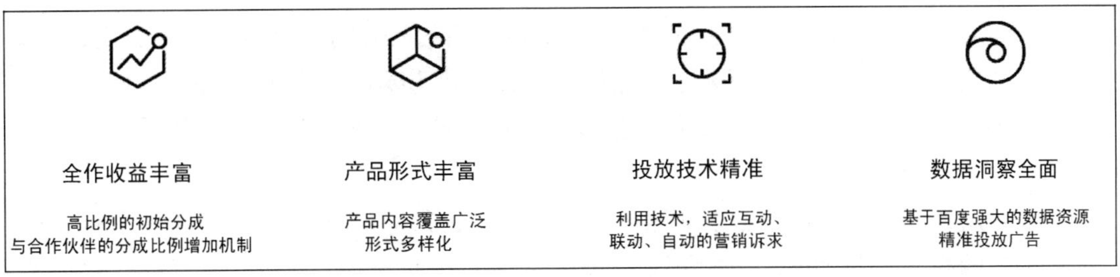

图 4-3

除百度联盟外，国内还有数千个大大小小的广告联盟平台，其基本逻辑就是通过平台，一方连接客户，另一方连接网站，通过广告推荐算法技术，让不同的广告展示给合适的用户，实现广告主、平台、站长及用户多方受益的健康发展。

广告联盟为站长的变现带来了极大的便利，也为互联网流量生态提供了巨大的价值。站长的流量变现，联盟广告只是其中一种重要的手段，也有很多广告主会主动联系网站进行投放，所以站长需要对网站的资源位进行梳理，将价格标准化，再对外销售。

成为站长是第一步，通过持续的内容运营或用户运营，再通过 SEO 手段持续获取精准的流量，这个过程艰巨且任务繁重。但只要方法得当，选择正确的方向，能持续输出优质内容，就会有收获。

4.2　提供服务

有些站长通过自己对多个大型项目的实践，积累了丰富的宝贵经验和行业资源，然后通过自己的独立博客开始推广自己的顾问及咨询服务，成为自由职业者，收入也很可观。除提供咨询服务外，如果擅长授课，也可以将经验和知识进行整理，构建一套属于自己的知识体系，然后提供培训服务。如果有计算机编程技术基础，还可以利用开发 SEO 所需的工具，如批量外链查询工具、批量查关键词排名工具等进行赢利，爱站网和 5118 等网站就是通过开发类似的工具而成长起来的。提供服务本质上是提供知识服务，即利用自己的专业知识和经验快速变现。

4.2.1　咨询服务

咨询服务一般是指给企业或其他个人网站提供 SEO 技术支持服务，包括目标制定、方案制定及帮助落地实施等，优秀的 SEO 顾问能让其服务的网站少走弯路，同时增加目标完成的概率，因此优秀的 SEO 顾问在咨询市场上非常受欢迎。

SEO 受到很多不可控因素的影响，如百度算法调整导致受到非正常牵连，域名曾经受到过惩罚导致新的内容迟迟无法收录等，这些问题对于有经验的 SEO 人员来说，一般会提前做好应对工作，并准备了 B 方案甚至 C 方案，尽量降低网站受到的影响。

要想成为一个优秀的 SEO 顾问，一方面需要尽量提前预测网站未来可能会出现哪些风险，在早期就做好抗风险准备，同时也要善于根据网站的实际情况制定更务实的执行方案，便于目标能快速且有效达成。而要达到这样的目标，就需要在正式成为 SEO 顾问之前，充分实践，充分试错，积累足够的经验，并形成一套完善的专业知识和经验体系，在面对问题时做到游刃有余。

除专业知识和经验外，还应多积累人脉，多结识优秀的朋友，优秀的 SEO 顾问大多需要站在更高的视角去帮助网站进行规划，助力网站的长期发展。同时，有好的行业资源也能让网站在遇到较大问题时能高效解决问题。例如，网站被屏蔽或降权，若判断网站没有作弊，则属于非正常降权，这时快速建立与搜索引擎官方有效对话的通道非常重要，因为时间拖得越久，对网站越不利。

SEO 顾问的收费方式多种多样，费用有高有低，这主要因为 SEO 完全是由市场自发衍生的一个工作，再加上 SEO 水平参差不齐，所以在选择 SEO 顾问时需要进行判断。判断顾问是否优秀可以从以下几方面衡量。

首先，是否有完善的专业知识体系，优秀的 SEO 顾问会整理一套属于自己的知识体系。

其次，是否具备丰富的 SEO 操作经验，如果服务企业网站，是否操作过大量的企业网站 SEO；如果服务大型网站，是否负责过较多的大型网站 SEO 工作，同时通过实践的过程总结经验，这个经验体系应和理论体系相互补充。要达到这个水准，至少需要 5～10 年的相关经验，才能有效应对未来可能出现的各种 SEO 问题。

最后，是否具有高度的责任心，不作弊，说到做到，不虚报目标，不为短期利益牺牲长期利益等。一个错误的决策可能会使网站长期利益受损，而且这个损失并不划算。

一般 SEO 顾问能提供的服务如下（以赵彦刚的博客内容为例）：

- 分析网站现阶段 SEO 流量、搜索引擎抓取、排名等相关数据；
- 根据数据分析反馈，制订长期的 SEO 策略及阶段性工作计划；
- 制定 SEO 方案，并协助甲方人员完成；
- 每月与甲方人员对接及当面交流 SEO 现状；
- SEO 项目日常报表、月度报告等。

另外，还应提供如下网站 SEO 诊断服务：

- 根据公司所在行业，针对性研究行业关键词，并提供行业关键词词库；
- 诊断全站 TDK，并对全站 TDK 进行重新优化整理，给出 TDK 优化报告；
- 重新梳理网站 URL 结构，整理对搜索引擎更加友好、更利于抓取收录的 URL，并提供修改策略；
- 诊断网站的所有网页，对不同页面的代码进行优化，并给出优化方案；
- 优化网站内链布局，使内链最大限度地发挥其权重提升、页面收录的作用；
- 内容优化指导，对需要编辑内容的网站，提供如何编写有效内容的方案，对提升网站收录、排名、流量给出指导性方案。

4.2.2　培训服务

SEO 培训服务在 SEO 诞生几年后开始盛行，尤其是在百度成为互联网 PC 端搜索引擎第一入口后，大部分互联网企业及传统企业都希望从百度搜索引擎获取大量优质的流量，导致 SEO 人才缺口快速增大，对 SEO 培训的需求越来越多。

小例子

搜外教育

SEO 培训领域目前做得较大的有搜外教育，作为国内为数不多的以 SEO 培训为主的机构，创始人夫唯在早期进行培训时，大都是他自己写教程、做课件和做培训的。目前搜外教育积累了超过四万 SEO 学员，口碑极佳，搜外网夫唯学院网页如图 4-4 所示。

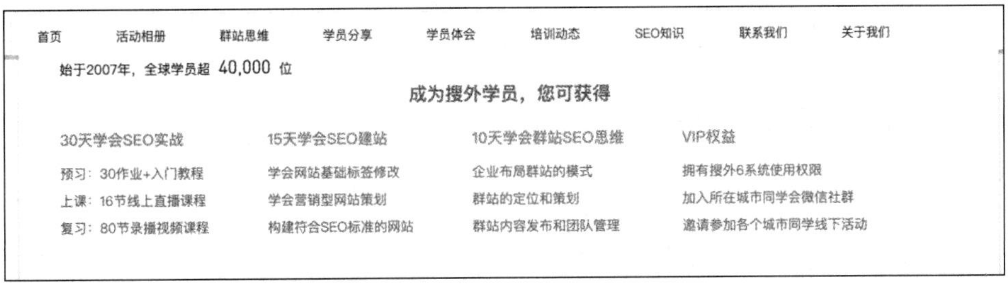

图 4-4

随着搜外培训业务逐步成熟，其培训体系越来越完善，如图 4-5 所示。

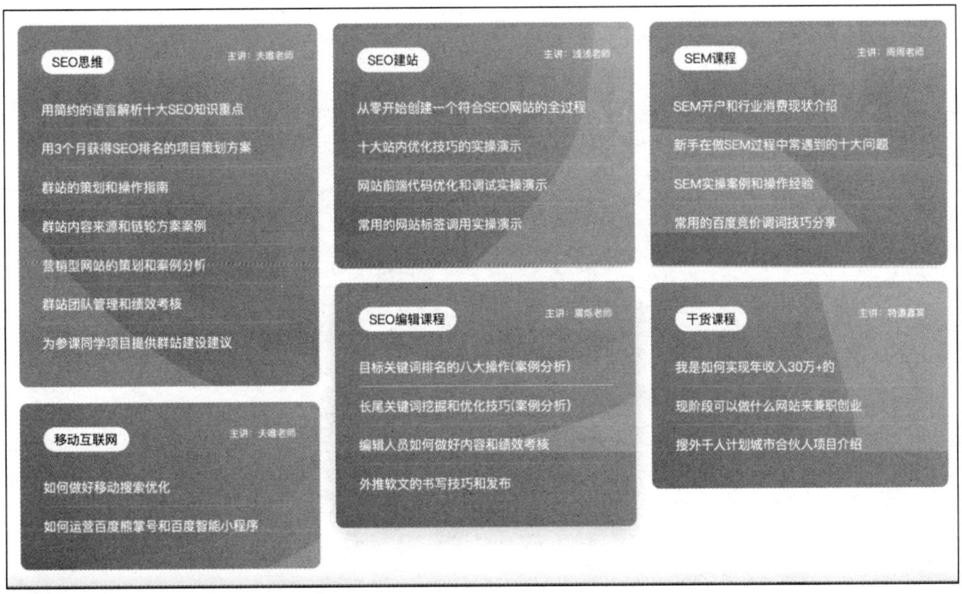

图 4-5

小例子

赵彦刚的培训课程

赵彦刚通过对自己经验和 SEO 专业理论的系统性梳理，通过朋友圈及个人博客招生，从课程设计到招生，再到培训的过程如下。

（1）确定课程目标，即这个课程可以解决什么问题，如图 4-6 所示。

图像可以清晰地展示课程目标，这些目标解决了 SEO 新手经常遇到的问题。经过系统提炼，再进行具体的课程设计，课程设计应尽量围绕用户关注的问题，这样更容易打动用户，如图 4-7 所示。

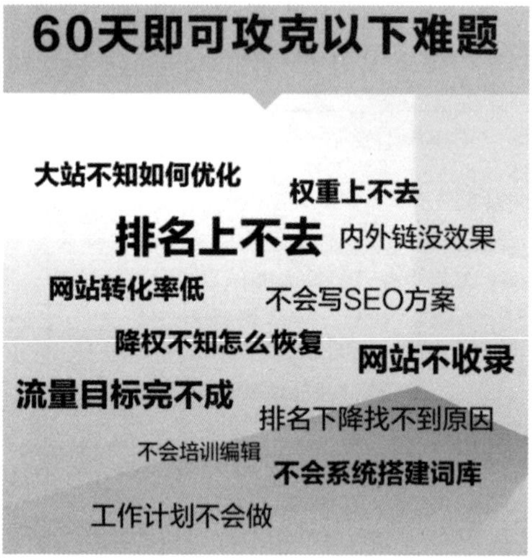

图 4-6

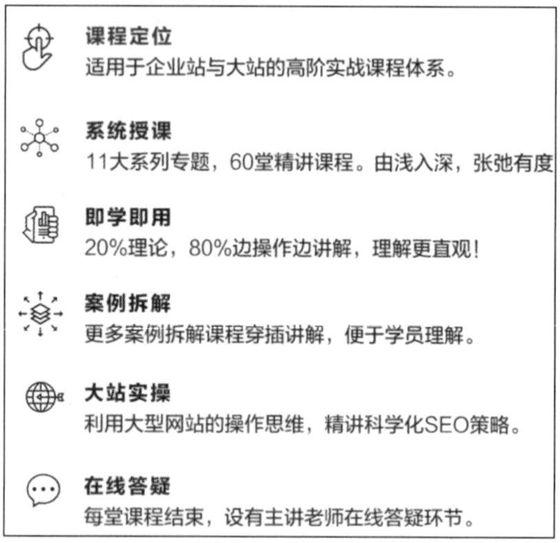

图 4-7

（2）围绕要解决的问题对目标人群进行定位，如图 4-8 所示，优点是可以吸引相关用户关注，提高转化率，这是很重要的一个策略。

图 4-8

在以上两个核心内容梳理清楚后，可以让几位业内大咖推荐课程，相当于一个信任背书，有利于课程转化。

（3）关于宣传，除独立博客外，朋友圈和微信群也是一个非常重要的“阵地”，赵彦刚在朋友圈进行的一轮海报宣传取得了较好的效果。招生的流程为先体验低价课再转高价课，如图 4-9 所示。

（4）关于上课，上课的工具选用小鹅通，小鹅通是一个教育 SaaS 工具，为个人或小机构提供培训平台。

(a)低价课海报

(b)高价课海报

图 4-9

（5）课程的培训内容质量较好，教案有 337 页，如图 4-10 所示，干货满满，得到了业内好评。

图 4-10

4.2.3 工具服务

如果是程序员出身的 SEO 人员，可以开发一个 SEO 工具，提供工具服务。例如，目前有一个名为金花站长工具的 SEO 工具，其开发者肖俊即技术出身，此工具具备了比较完善的 SEO 功能，主要通过 VIP 收费来赢利，如图 4-11 所示。

除金花站长工具外，类似的 SEO 工具非常多。目前用户量较大的有爱站、站长网和 5118，它们通过不断地完善 SEO 功能及积累更多的 SEO 数据，成为越来越受欢迎的工具服务商。5118 首页如图 4-12 所示。

SEO 工具拥有较大的市场是因为 SEO 从业人员数量庞大，目前国内活跃的网站有数百万个，每个活跃的网站至少有一名或多名相关人员在运营。

针对某个单点需求开发 SEO 工具，也能获得较好的效果，以及获得大量用户。例如，针对火狐浏览器的 SEO 工具 Search Status，只是一个 SEO 小插件，但在全球拥有数百万用户，也是火狐浏览器用户最常用的插件之一。Search Status 可以用来显示正在访问页面的 R 值、Alexa 排名、Compete 排名等，即使功能单一，也给用户提供了便利，获得了成功。

但开发 SEO 工具有门槛，并不适合所有人。如果要提供 SEO 服务性的业务，SEO 工具有两方面收益，一是来自销售工具本身的收益，二是通过工具为 SEO 服务性的业务进行品牌赋能，如咨询业务或培训业务。

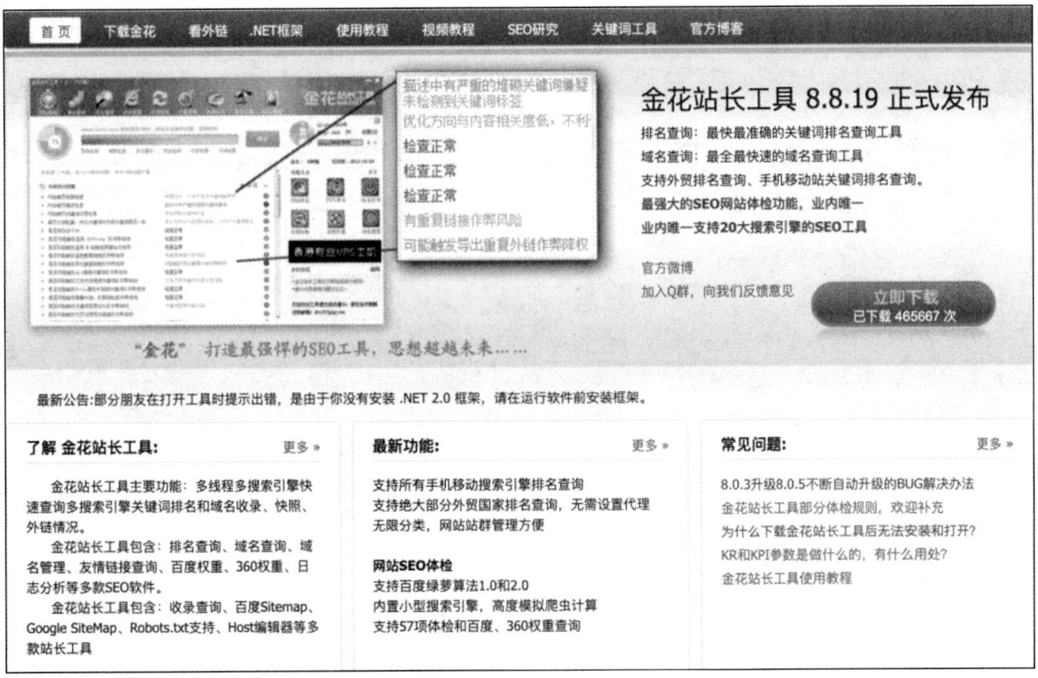

(a)金花站长工具

(b)站群版

图 4-11

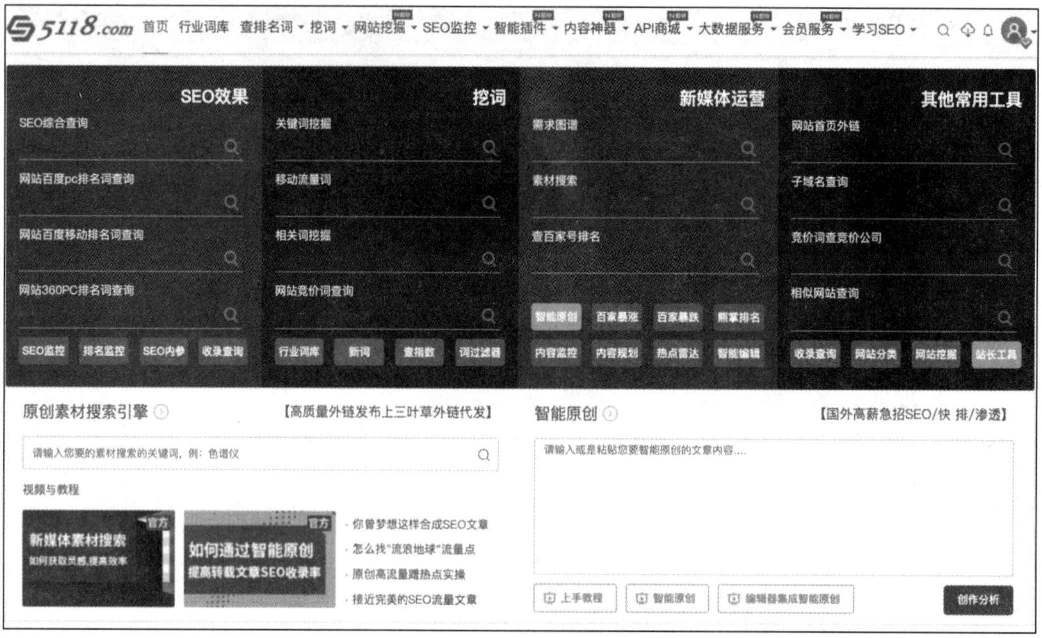

图 4-12

4.3 销售产品

通过 SEO 获取的流量，既可以通过广告变现，又可以通过销售产品流量变现。后者是 SEO 常见的一种变现手段，可分为独立电商、电商平台导流及线下导流 3 种。

SEO 通过搜索引擎低成本或零成本解决了产品的流量问题。对于电商来说，好产品至关重要，因为产品决定了流量的转化率，产品好坏直接影响转化率高低，这也是当电商平台做到一定规模后，供应链管理变得关键甚至成为电商平台核心竞争力的原因。供应链水平在很大程度上影响了企业的利润率水平。通过销售产品流量变现，尽量结合自有资源选择最擅长的产品合作，以获取最大化收益。

4.3.1 独立电商

个人在互联网上做电商，除在淘宝、天猫、京东等电商平台开店外，也可以上线独立垂直电商网站进行销售。自营独立电商网站的产品，一般以单品或精选少量产品的策略为主，从而降低供应链的压力。

独立电商可分为国内独立电商和境外独立电商两种。国内独立电商以国内用户为主，通过建立网站，销售自有产品，获得较高的利润，如图 4-13 所示。

境外独立电商以在南方城市居多，主要集中在深圳、东莞等城市，其主要策略是建立英文版的独立电商网站，通过谷歌 SEO 获得境外流量，从而获取境外订单。

图 4-13

独立电商要求有一定的供应链管理能力和好产品，有一定的门槛，一旦运转顺畅，利润水平较高。如果没有货源或供应链管理水平有限，可与第三方合作，成为其产品或服务的流量供应商，以产品销售进行利润分成，目前大量站长或 SEO 人员采用这种方式。

4.3.2　电商平台导流

与电商平台合作，通过给电商平台导流赚取销售佣金的策略，最开始流行于淘宝，推广淘宝商品的这部分人称为淘宝客，然后京东、苏宁、唯品会、当当等电商网站陆续开展了此类业务，并且取得了较好的效果。

淘宝客的门槛较低，只要获取淘宝商品的推广链接，让买家通过该推广链接进入淘宝店铺购买商品并确认付款，就能赚取由卖家支付的佣金，无须投入成本，无须承担风险，最高佣金可达商品成交额的 50%，因此这是一种非常适合大众参与的“游戏”。

由于淘宝及天猫上拥有海量的商品，不仅个人通过这种模式可以获取不错的收益，还可以公司化运作，甚至可能会产生一个新的小巨头公司，其中美丽说和蘑菇街是两个典型案例。

小例子

美丽说

美丽说创建于 2009 年年底，创立之初的定位是社会化电商平台导流，主要商品来源于淘宝，用户通过美丽说购买淘宝的商品，除获得比在淘宝直接购买更低的折扣外，分享给其他用户产生了销售额还能获得佣金，因此在短短几年就获得了千万级的用户规模，成为当年创新平台的经典案例之一。

个人通过 SEO 做淘宝客的策略是严格选择产品，产品数量不宜过多，然后流量做精，进而转化率高。除淘宝、天猫外，国内另一电商巨头京东也有类似的模式，称为京东联盟。

小例子

京东联盟

打开京东联盟网站，可以看到官网的宣传语——只需 3 步，轻松赚取第一桶金。京东联盟无门槛，注册后即可开始分享商品，所有人都可以成为其推广员，通过销售商品获得佣金收益，如图 4-14 所示。

图 4-14

注册后默认进入的页面是商品推广页，如图 4-15 所示，显示当前页面的商品价格及推广佣金情况，而且商品佣金比例不同，最高可达 50%，非常有吸引力。

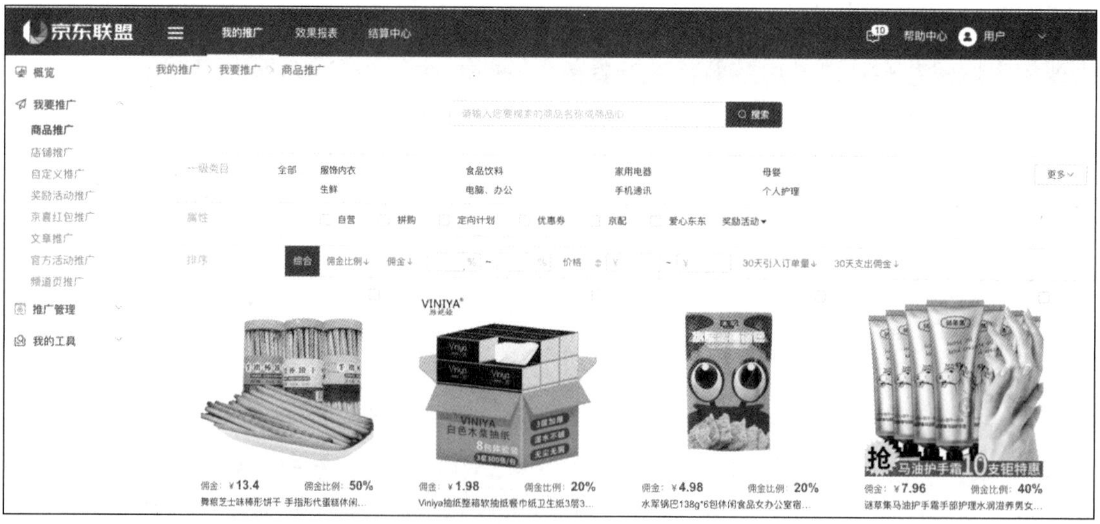

图 4-15

除了按商品推广，还支持按店铺、自定义、奖励活动等推广方式。通过店铺推广，可以看到每个店铺的平均佣金比例情况，如图 4-16 所示。通过 30 天有效引入订单量和 30 天累计支出佣金信息，可以判断该产品是否容易销售。

店铺信息	平均佣金比例	综合评分	30天有效引入订单量	30天累计支出佣金
传知教育 chuanzhiedu 传知教育官方… 主营类目：教育培	30%	9.18	4	￥2856
韦林文化 WEILIN.NET 韦林教育旗舰店 主营类目：教育培	1%	8.84	22	￥20.12
Edu24oL.com 环球网校 晨智教育专营店 主营类目：教育培	7.14%	9.21	51	￥414.45
文鑫教育 文鑫教育专营店 主营类目：教育培	1%	9.6	5	￥3.43

图 4-16

京东联盟经过多年的发展，流程体验非常顺畅，越来越受站长的喜爱。为了方便更多人在微信等社交平台推广京东的产品，京东联盟还开发了一个子平台京粉 App，如图 4-17 所示。

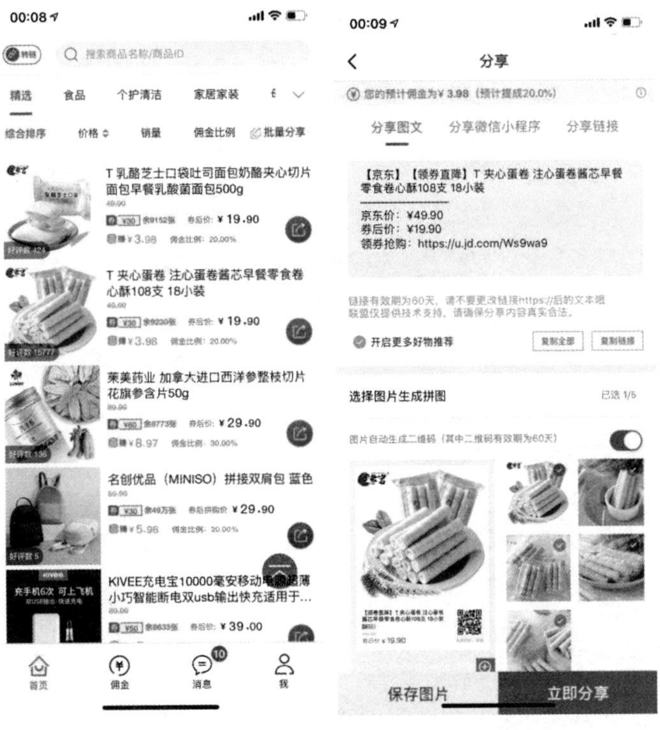

图 4-17

打开京粉 App 可以看到大量的推广商品及对应的佣金情况，单击右侧的分享按钮，提示有 3 种推广方式：推广图文、分享微信小程序和分享链接。京粉 App 的一个特点是每个商品的分享文案和图像都已经自动设计好，只需要保存图像或复制文字直接分享即可。

京粉 App 的另一个特点是推广的商品都先领券再减价，即京粉 App 的商品分享推广后，用户打开分享链接，首先引导用户先领券再购买，最终的购买价格会比直接在京东 App 购买价格低。这是京粉 App 的一个策略，先给福利再买商品，以提高购买率。如图 4-18 所示，单击第一张图链接，用户先领取“内部优惠券”，然后在付款时原价 25 元再减 10 元，最终价格为 15 元。

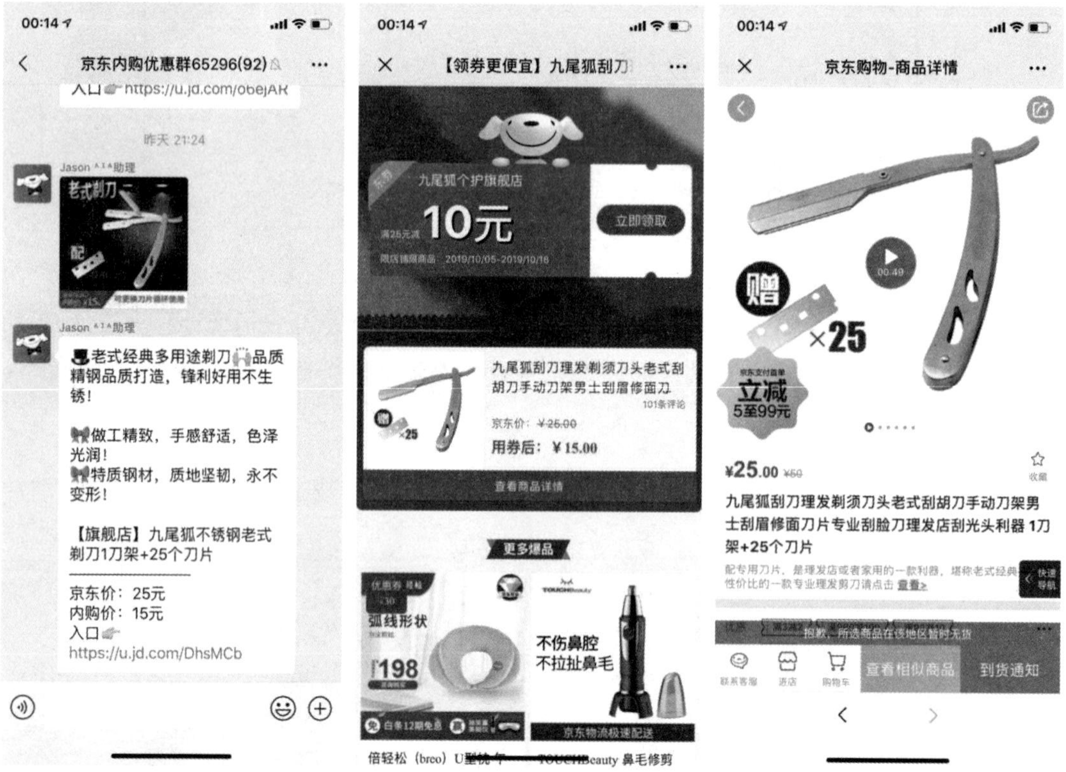

图 4-18

正因为这个机制，很多京粉 App 的推广人员，会打着“京东内购优惠”等旗号推广京粉的产品，在百度搜索“京东内购优惠券”也可查询到相关信息。有些站长通过 SEO 获得了这个词的排名，然后通过网站的形式推广京粉 App 的产品，网站上的商品都打着“京东内购优惠”旗号来引导用户购买，有些用户还会保存网站。一般情况下，用户并不知道有这样一个可以比商城更低的价格买到产品的途径，更不知道还能赚取佣金。

4.3.3 线下导流

线下导流成为越来越多 SEO 自由职业者或 SEO 专业团队所喜爱的商业模式。这个模式成立且越来越受欢迎的原因是国内线下的中小企业非常多，尤其是实体工厂，他们能自行研发和制造产品，但销售渠道单一，而 SEO 人员通过线上的方式，可以帮助这些企业打开网络销售渠道，双方互惠互利。

线下导流的模式与电商平台导流类似，主要依靠为对方带来销售线索并按有效成交额获得相应佣金。不同之处是线下导流的数据延迟高，且存在有效订单人为流水的问题，因此选择线下企业导流合作，一定要选择可信任的企业。

小例子

“玻璃钢”导流

目前线下导流模式操作比较多的主要是帮助线下工厂导流。例如，“玻璃钢”这样的传统产业，在百度搜索“玻璃钢厂家”，会出现很多独立网站，这是 SEO 人员充分竞争的结果。其中既有专业的 SEO 机构操作，又有玻璃钢厂家业务员建立的网站，由于竞争者众多，所以关键词竞争也异常激烈，如图 4-19 所示。

图 4-19

小例子

“工业机器人”导流

除了传统工厂，一些创新的新科技工厂也需要线下导流模式为工厂带来新订单。例如，在百度搜索“工业机器人厂家”，也能看到多个独立网站在帮助这些公司进行推广，如图 4-20 所示。当一个细分品类竞争较大时，可以选择一个新的潜力品类合作。

图 4-20

线下导流合作不仅适合工厂，也适合各种线下有产品或服务但线上推广能力较弱的企业。在选择合作伙伴时，诚信是长期合作的基础，合作前需要充分评估。另外，还需要设计流程上的衔接，否则可能会因流程衔接不当导致用户流失。

第5章

跨平台 SEO

除了百度，还有很多垂直搜索引擎。常见的垂直搜索引擎包括新闻搜索引擎今日头条、商品搜索引擎淘宝与京东、微博搜索、微信搜索、抖音视频搜索、App 搜索引擎应用商店（ASO）等。垂直平台 SEO 让用户的搜索行为与结果更加匹配，提升用户体验；帮助商家把商品推送给更准确的目标用户，提高商家的销售量，让商品和服务流通更加顺畅。本章重点介绍目前用户量较大的垂直平台 SEO。

5.1 今日头条 SEO

今日头条是根据用户兴趣进行相关推荐的媒体平台。今日头条的推荐机制非常准确，深受用户喜爱。其平台拥有大量的原创作者和读者，使其拥有大量的基础用户。早期今日头条搜索大多基于平台内的内容搜索，现在已经集合了站内外资源，今日头条的搜索内容和搜索技术也逐渐完善。2019 年 3 月 12 日，今日头条开始大面积推广“头条全网搜索”。“头条全网搜索”关注的是移动端全网搜索的能力，用户可在今日头条搜索站内外的视频和文字。除新闻浏览功能，今日头条与百度、神马、搜狗、360 等一样，成为一个全网搜索引擎。在今日头条搜索“装修公司”的结果如图 5-1 所示。

图 5-1

5.1.1 排名要素

今日头条与百度的技术基因有着明显的区别，后者从搜索引擎技术转向了搜索内容；前者则从内容开始，慢慢发展到搜索，所以两家公司对内容和技术的理解不同，SEO 运用的方法也不同。今日头条 SEO 排名要素有如下几点。

（1）关键词分析

与百度一样，今日头条也基于页面关键词分析，分词后借用 TF-IDF 算法判断页面主题。TF-IDF 算法是一种统计方法，用于评估关键词对一份文件的重要程度。关键词的重要性随着它在文件中出现的次数成正比增加，但同时会随着它在语料库中出现的频率成反比下降。也就是说，如果某个关键词在一篇文章中出现的频率高，并且在其他文章中出现的频率小，那么这个关键词是这篇文章的重要关键词。

（2）关注原创性

今日头条定义的原创是对自家平台而言的，如图 5-2 所示。注意，如果一篇文章在其他平台出现过，但在今日头条没有出现过，也会认为它是原创的并给予“原创”标识。

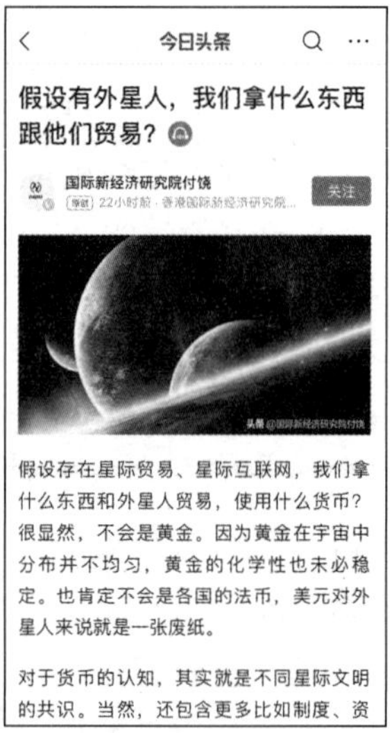

图 5-2

（3）关注权威性

百度通过网站权重等因素判断权威性，今日头条通过自家后台数据判断账号权威性。因此今日头条 SEO 需要“养”账号。

（4）关注时效性

由于今日头条具有新闻属性，所以它比百度更关注时效性，越新鲜的资讯排名能力越强。

（5）标签匹配

内容分析和用户标签是推荐系统的两大要素。内容分析与机器学习密切相关。今日头条常用的用户标签包括用户感兴趣的类别和主题、关键词、来源、基于兴趣的用户聚类，以及各种垂直兴趣特征（如车型、体育球队、股票等）、性别、年龄、地点等信息。性别信息通过用户第三方社交账号登录得到。

今日头条经常使用的标签涉及如下几个数据处理策略。

- 噪声过滤。通过停留时间短的阅读，过滤标题党的文章内容。
- 热点惩罚。对用户在热门文章上的动作做降权处理。热点内容无法区分目标用户的行为特征。
- 时间衰减。随着时间的增加，用户兴趣可能会发生偏移，因此匹配策略需要更偏向新的用户行为。因此，随着收集到用户的新行为，对老的用户动作标签给予一定程度的降权，新行为贡献的特征权重会更大。
- 降权展现。如果机器推荐给用户的内容没有被浏览，此内容的相关特征（如标签、搜索词、来源）权重会被降低。

（6）用户反馈数据

用户反馈数据包括点击率、阅读时间、点赞数、评论数、转发数等。这些都是精准量化的指标，能够用模型直接预估，根据线上点击率提升情况就知道模型是否准确。

5.1.2　一个好名字

与所有自媒体优化一样，起一个好名字是做好今日头条 SEO 的第一步，今日头条上的账号名字一般称为头条号。头条号给人的第一印象非常重要，名字取得好，才会有更多人对这个头条号感兴趣。起名的原则是简短易懂，便于识记，容易传播，具有品牌特色。下面介绍几种在今日头条起名字的常用方法。

1．品牌名称

直接以企业名称或服务、产品名称作为头条号，如京东、天猫、大众点评网等。一般大品牌、媒体都采用这种方法，方便用户查找和识别。京东头条号如图 5-3 所示。

图 5-3

2. 展现功能和服务

此种形式可直接将头条号的用途和服务展现出来，让用户直观地了解其目的。用户在搜索相关内容时就会找到这个头条号。例如，IT 科技资讯，用户看到名字就知道这是一个关于科技前沿资讯的头条号。

3. 形象取名

形象取名是将企业名称形象化或将服务产品形象化的一种方法，将具体事物或抽象事物形象化，可采用拟人、比喻等方法。例如，篮球公园，篮球体育资讯的头条号；电影工厂，发现最新最好看电影的头条号，如图 5-4 所示。

图 5-4

4. 行业名

典型的行业名头条号有财经杂志、会计杂谈、豆瓣同城、百度电影等，这些都采用了行业加特征的命名形式。

5. 问题取名

以问题的方式取名以吸引用户注意力，如饿了么、去哪儿、今晚看啥、什么能赚钱等，它们分别告诉用户可以帮助他们发现美食、游玩圣地、好看的电影、推荐理财产品和省钱方法。周末去哪儿玩儿头条号如图 5-5 所示。

6. 其他取名

除了上述方法，还可以奔着新鲜、好玩、有趣、有料的形式取名。一般搞笑娱乐类的账号可以考虑这种方法，如小道消息、Mac 技巧、冷笑话精选等。

图 5-5

5.1.3　一个好标题

在今日头条浏览时，用户只能看到封面图和标题。标题是决定用户能否点击查看的最重要因素，是触发用户打开文章的诱因，文章的内容写得再好，标题不好，阅读量也很难上升。标题决定文章的点击率，文章内容决定文章的传播率。所有阅读量达十几万、上百万的文章，前提条件都是标题写得好。注意，一个好标题需要在不做“标题党”的条件下吸引读者。

1．疑问式标题数字更清晰

提问可以引发用户思考，吸引用户的注意力，如果用户想知道答案，就会点击。在信息爆炸的时代，太正式的标题很难唤起用户的兴趣。大部分标题都可以通过改造成疑问句的方式引起用户注意，方式虽然简单，但经常有效。头条号需要跟用户像朋友一样交流，给他们提供有趣、好玩的内容。

小例子

百万级大号的第一批粉丝是如何获得的？

你的装修经得起甲醛测试吗？

月薪 3000 和月薪 30000 设计师的本质区别是什么？

2．悬念式标题

悬念式标题直接激起用户的好奇心，使用户想到文章中寻找答案。引发悬念是通用的起标题的方式。

小例子

通过研究生考试最大的障碍竟然是这个！

大学生准备干这事儿，腾讯投了 500 万！

3．热点式标题

热点式标题是指蹭热点的标题，即时刻关注重大事件，结合产品的特点跟着热点借势营销。借势营销中最简单的借势方法是将标题热点化，将自己的内容与热点事件结合，可取得较好的效果。

小例子

支付宝情人节文案：什么人能托付终身？支付成功的。

iPhone X 新发布时某电视机的文案：一万块只能买 iPhone X？100 英寸的电视可以！

4．引发共鸣式标题

引人共鸣式标题通常是指标题说中了某个群体的痛点，让用户一看就有转发的冲动。例如，有篇文章的标题是“高房价摧毁了 80 后的一切”，这是一个能够引起 80 后大范围共鸣的标题，它运用了发泄式的表达方法，激起了 80 后这个群体在高房价下的无力感。

5．恐慌式标题

如果直接告诉用户怎么做可以得到什么好处，用户可能不买账。此时可适当使用恐慌式标题，用户看到标题后会产生一丝恐惧，迫切点开阅读。

小例子

很多的人脉都是被你在微信中聊坏了？

你的同龄人，正在抛弃你！

6．争议式标题

争议式标题是指在标题中直接提出引发争议、质疑、站队的观点。

小例子

我为什么同意无偿加班？

世上无难事，只要肯放弃！

7．颠覆固有认知式标题

如果标题是每个人都知道的普通概念，可能是一个无感的、失败的标题。如果标题颠覆了大多数人的认知，文章就相当于成功了一半。

小例子

一个管理你上级的清单

硅谷归来卖小龙虾

5.1.4 申请原创保护

原创是指作者独立完成的作品。原创不包括歪曲、篡改他人作品或抄袭、剽窃他人作品而产生的作品，也不包括改编、注释、整理他人已有作品而产生的作品。在今日头条申请原创保护功能可以有效地避免抄袭。今日头条建立了“站内抄袭一键删除，全网监测与删文，未维权先赔付，站外投诉秒处理”的原创保护体系。头条号作者签约授权后，今日头条不但可以全网监测侵权，还将与维权骑士配合进行站外侵权稿件的删除工作。

“全网信息监测”系统已经覆盖了国内大部分的主流内容平台。机器会从各平台中识别出与原创文章高度相似或相同的内容，将疑似抄袭链接呈现在作者的头条号后台中，提醒作者及时确认。如果作者文章在多个平台发布，为了避免误判抄袭，可以使用白名单功能。

维权骑士支持对监控平台的免费维权，如图 5-6 所示。若文章检测有遗漏，作者可在头条号后台原创保护处选择“举报其他抄袭”，将暂未监测到的侵权链接自助举报到维权系统中，维权服务商将会在 24 小时内发起维权。

图 5-6

5.1.5 内容审核规范

如果文章未通过审核，则不予推荐。只有通过审核后，才会进入推荐系统。没有通过审核的文章，将退回作者修改，直至内容合规才能通过审核。违规情况恶劣的内容，将不会退回作者修改。学习平台的内容规范有助于快速了解平台要求，避免被退稿或封号。下面列举几种常见的违规内容。

- 发布虚假新闻。
- 标题断章取义，扭曲事实。
- 发布色情内容。

- 发布广告内容。
- 旧闻新发，把旧新闻当成刚发生的新闻发布。
- 违反国家规定的内容。
- 侵犯他人名誉权的内容。

5.2 淘宝 SEO

截至 2019 年 6 月，我国网络购物用户规模达 6.39 亿，如图 5-7 所示。2019 年双 11 当天，天猫总销售额达到了 2684 亿元。淘宝 SEO 成为商家的必修课。淘宝 SEO 是指通过优化店铺宝贝标题、类目、属性、上下架时间等方法来获取较好的排名，从而获取淘宝搜索流量的技术。

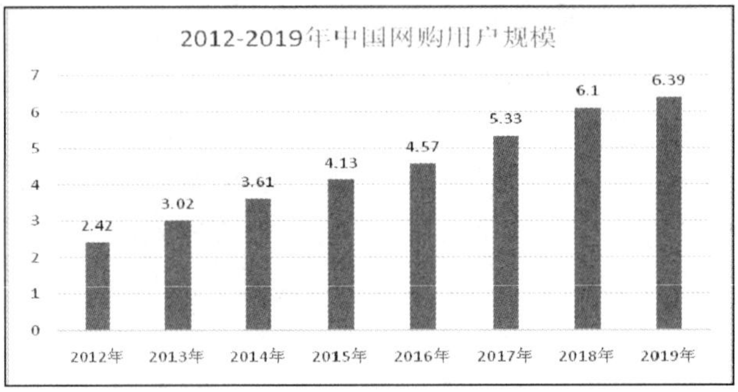

图 5-7

5.2.1 淘宝搜索引擎

淘宝搜索引擎的核心是方便搜索者即消费者查询，为消费者提供良好的搜索购物体验。淘宝搜索结果的排序方式及其流量比例为默认排序 80%，按销量排序 10%，按价格排序 5%，按人气排序 2%，按信用排序 1%。可以看出，默认排序是淘宝 SEO 的重点。

淘宝搜索引擎工作的第一步是提取用户在搜索框中输入的关键词。例如，搜索“2019 年秋季新款连衣裙”，首先，淘宝先将搜索词提取为“2019”“秋季”“新款”“连衣裙”，再到产品库中匹配分类，该搜索词会匹配到“女装-连衣裙”分类；然后，淘宝在该分类下匹配关键词，优先匹配标题中含有“2019”“秋款”“新款”的产品，对所有符合关键词匹配的产品进行排序，排序规则较复杂，目标是将销量好、服务好、好评多的产品排在前面；最后，淘宝会加入个性化搜索因素，如用户经常浏览的产品、已经加入购物车还未购买的产品等。

默认排序最重要的因素是销量和好评数。其他因素的排序方式是：首先，淘宝会匹配产品和用户搜索关键词的相关性，相关性越高，排名越靠前；其次，淘宝会优先展示临近下架时间的商品，离下架时间越近，排名越靠前；然后，淘宝会优先展示卖家服务质量分数及商品人气分数高的商品，质量分数越高，人气分数越高，排名越靠前；最后，淘宝会优先推荐加入消保及橱窗推荐的商品。另外，如果产品加入了淘宝直通车推广，就会在一定程度上增加产品的分值，即直通车加权。图 5-8 所示为搜索“沙发复古”的结果。

图 5-8

5.2.2　选择关键词

淘宝词语分很多类，包括产品词、特征词、目标词和营销词等。产品词即产品的原名称或行业内的“大词”，如连衣裙、球鞋、智能手表和打底裤。特征词即产品的风格、材质、颜色及属性，如纯棉、全实木、52g 等。目标词即核心词和属性词的组合，如纯棉打底裤、全实木积木、52g 螺母等。一般用户在搜索关键词时，产品能够吸引用户都是因为获取了排名的目标词。挖掘关键词常用的工具有淘宝下拉框、阿里指数、淘宝排行榜、生意参谋、直通车、第三方选词工具等。其中，阿里指数如图 5-9 所示。

图 5-9

注意，一个产品涉及的关键词并不是越多越好，有些店铺可能只依靠一两个关键词，就能提高一个产品的销量，然后带动提高全店的销量。如果过分纠结关键词，虽然推广的关键词很多，但都不突出，最终也不能带来销量。对于新开店铺或初学者，建议先选择一两个爆款产品，再选择一两个关键词推广店铺。

5.2.3 选择合适类目

产品类目选择不容小觑，其影响产品搜索和展现的结果。产品放对了类目，关键词搜索才会为店铺带来流量，由此可见产品选择正确类目的重要性。产品需正确选择精准类目，不可盲选，不可乱选，因为选择错误类目会严重影响搜索流量。但是淘宝有那么多类目，产品到底要发布在哪个类目下呢？下面举例说明。

一位女装店铺在九月份要将一款毛衣针织衫上架出售，在发布类目时有两个选择：针织衫类目和毛衣类目。一般九十月针织衫的关键词流量比较大，在双 11 之后则毛衣的关键词流量相对较大。现在只需保证在不同时间段将产品放到合适的类目即可，九月新品可以发布到针织衫类目，十一月新品可以重点发布到毛衣类目。

发布产品不仅要做到类目相关，还要做到属性、标题文本、主图及页面内容等要素全部相关。如果产品可以隶属于不同的类目，应该通过淘宝直通车流量解析工具，判断该产品的最优类目。属性相关是指发布产品的属性必须最优最全，少选择一个属性会失去一个流量入口，但属性选择过少，产品可能会被搜索屏蔽，不会给予任何展现机会。

淘宝类目如图 5-10 所示。

图 5-10

5.2.4 主图

主图是吸引用户点击的重要因素，直接影响了产品获取流量的能力，某店铺华为手机淘宝主图如图 5-11 所示。任何成功运营的店铺都不可缺少一张表现力强的产品主图。主图是获取流量的门户，因此更换产品主图要格外慎重。更换主图需要经过严密的测试，当产品新主图的点击率优于旧主图时方可更换。更换产品主图时，将要更换的产品主图放置到第 3～5 位置中的 1 个，展示一段时间后，如果没有较大的数据异常，再逐步替换。另外，产品主图还会影响店铺的转化率，即使通过了点击率测试，也需要关注产品新主图的后续转化率。

图 5-11

1．主图背景

因为产品主图是与页面上下左右的一些产品竞争的，如果想让用户第一眼就能看到这个产品，背景就要明显地区别于其他产品。多吸引一分注意力，就增大了用户点击的概率。注意，产品的主图背景要与产品本身特点相符合，不要为了突出而哗众取宠，弄巧成拙。

2．产品卖点

当主图背景成功地吸引了用户的注意力，用户会认真观察产品主图。此时想要打动用户点击主图进入页面，就需要在产品主图上展示足够的卖点。用户购买产品最关注的是价格、质量、性能等因素，这些必须在主图中重点突出。如果有相对于其他产品的独一无二卖点更佳。以空气净化器为例，用户比较关注静音效果和净化效果，结合所在公司产品的特点和顾客需求，可以制作具有“超静音、超净化”两大特点的主图，直击用户痛点，吸引用户的注意力。

3．主图是否价格明确

价格是大部分用户在网上购物非常关注的因素。如果一个产品的价格比页面上下左右的产品有明显的价格优势，就可以把价格放到主图上，使产品与价格形成鲜明的对比，让用户迅速判断产品的性价比，从而有效地留住用户促成交易。

4．产品其他附加服务

目前市场上产品的同质化非常严重，此时比拼的是附加服务。产品质量与性能固然重要，但产品售前、售中、售后服务也很重要。好服务会提高复购率和转介绍率。例如，有的商品比较重，很多用户会关注能否送货上楼，因为白天年轻人都上班了，一般家里只有老人和孩子，对他们来说搬东西上楼难度较大，针对这种情况店铺可以提供“送货入户”服务，若能免费提供则最优。

5.2.5 标题

淘宝搜索的核心是关键词，因此淘宝 SEO 的核心也是关键词。标题优化的第一步是选择关键词。选择关键词的渠道多种多样，包括下拉框、人气飙升榜、热搜榜等。实际上，只需要掌握搜索词工具即可满足标题优化的需求。标题优化的第二步是组合关键词。根据二八理论，能够给产品带来持续流量的关键词，经常是几个核心流量关键词，标题应结合卖点与热搜大词。主打差异化核心流量产品卖点的关键词，应当置于标题最前端，前端的词语权重大于后端。淘宝商品标题示例如图 5-12 所示。

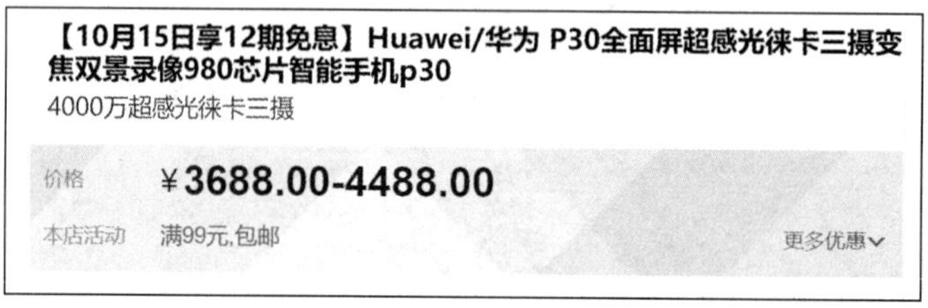

图 5-12

评价一个标题的好坏有两个原则：是否有利于点击，是否有利于展现。这是因为标题一给用户看，二给淘宝搜索引擎看。

- 核心关键词是流量来源的关键，需要先确认核心关键词。核心关键词一般采用类目词、产品词或品牌词。
- 通过核心关键词拓展衍生词。利用生意参谋中“市场行情”模块查询核心关键词，再选出衍生词。
- 选择竞争力最强的词。删除搜索人气低的词，删除点击率低的词，删除支付转化率低的词，删除在线商品数太高的词（因竞争太激烈）。
- 留下最精准的词。用户体验是关键词选择时要关注的问题之一，而在标题中添加不相关词获取流量会极大影响用户体验。相关性是标题的基本原则，不精准的词会影响转化率。例如，明明是一款长袖的衣服，但是因为发现短袖这个关键词搜索人气高，转化率高，竞争宝贝少，所以在标题中增加了短袖这个关键词，这个想法并不可取。
- 在生意参谋中提取相关度高的关联修饰词，如图 5-13 所示。淘宝标题的字数最多允许 30 个，通过上面几步一般难以凑够 30 个字，剩下的需要用关联修饰词填充。
- 组合标题。通过前几步，将选出来的衍生词和关联修饰词组合，按照竞争力的大小排序，即可组合成一个独特的标题。

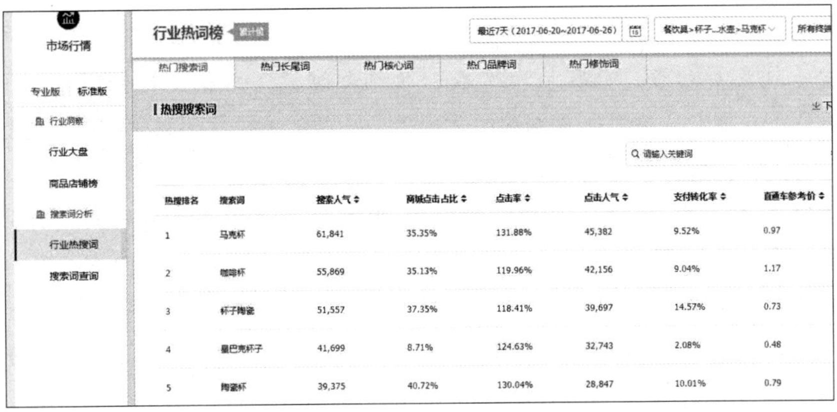

图 5-13

5.2.6　数据分析

运营好一个店铺并不容易，需要通过数据分析才能发现店铺的不足。如果只靠自己的直觉运营店铺，会很容易犯主观判断性错误。数据分析不仅可以看到自己店铺的整体数据，还可以看到行业均值的数据，这样能更清晰地进行对比，看到自己店铺有哪些劣势，再有针对性地进行运营。

小例子

生意参谋是一个专业的数据分析工具，包含用户行为、市场动态等数据的分析与统计，还有同行数据信息，如图 5-14 所示。商家可以根据数据分析的结果，查找自己店铺的问题，根据软件提供的诊断性结果和解决方案，提升店铺的流量和效率，从而达到优化店铺的目的。从数据分析也可以看出产品主要受哪一类人群的喜爱，还能更好地针对店铺、主图和详情页进行优化，有利于提高转化率。

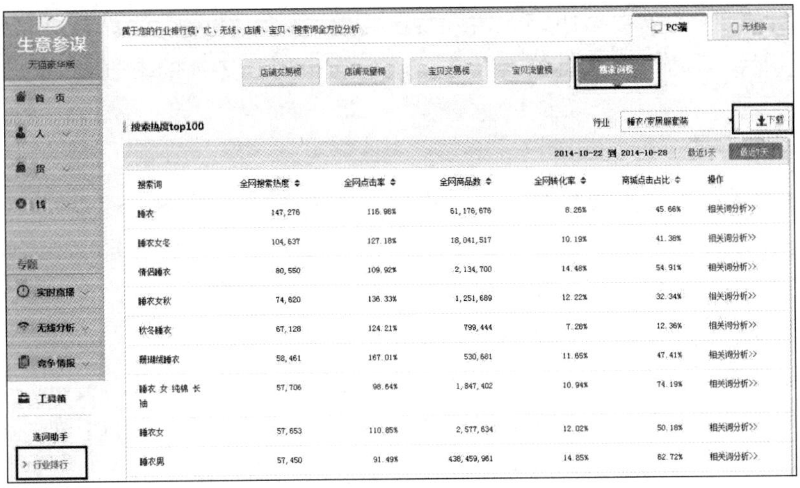

图 5-14

生意参谋的具体用途如下。

- 监控店铺最新动态，包括展示次数、店铺访客数、店铺支付金额等。
- 了解自己店铺与竞争对手店铺的经营状况。根据店铺经营的核心指标，查看诊断结果和提升意见；查看同行的各项指标变化趋势，以及整个行业的各项指标数据对比。
- 用户排行榜。可以看到排行榜上产品的用户数、支付买家数和支付转化率等数据。需要注意的是，不是用户数多就代表销量多，能形成转化才重要。
- 查看店铺的整体流量情况，可以查看时、日、周乃至月等纬度的数据。通过不同纬度的数据分析，可以直观地反映访用户数、跳失率、人均浏览量和平均页面的停留时间，再根据具体情况进行改善。
- 用户分布数据，包括地域分布和特征分布。可以查看不同时段的用户数、用户的地区和特点，为店铺客服的工作提供了便利。
- 流量地图：流量来源分布。店铺的流量是关注重点，可以分析各渠道的效果。
- 流量入口分布，了解店铺入口情况、店铺内流量分布，以及进入店铺的用户主要浏览了哪些产品。
- 解读关于产品的排名数据、转化数据、诊断数据、关键词标题优化建议、搜索词分析等众多数据。

5.2.7 优化人气

具有高人气的产品在排名上具有较大的优势。淘宝通过销量、转化率、回头客、收藏数量、浏览量等因素判断产品人气。销量是反映店铺产品受欢迎程度的最可靠因素，因此销量在人气中占了较大的比重。从搜索结果可以看到，一般销量大的产品会排在前面。产品要参与热词搜索排名，一定要破零，即至少一个销量，否则可能没有展示的机会。

要想提高店铺的人气，需要通过各种途径来获得更多的流量。推广是其中一个不可缺少的环节。为店铺选择一个较好的推广方式，对于提高店铺的人气有很大帮助。注意，在选择推广方式时，一定要根据店铺的实际情况综合考虑，才会产生更好的效果，如通过调整价格、举办促销活动、收藏有惊喜、店铺优惠券来提高店铺的人气。

5.2.8 优化店铺权重

影响店铺权重的因素主要包括全店动销率、DSR 评分、平均退款时长、退款率、是否作弊、用户访问深度、老用户浏览占比、老用户购买占比、服务质量反馈、退货原因等。分析哪些方面做得不够好，优先进行优化。注意，产品初期的几个评价也是非常重要的，不管采用返现还是其他方法，要保证产品前几个评价都是正向的。

因为在淘宝新上架的产品没有点击转化销售等历史数据，所以淘宝新产品排名主要依靠店铺权重。店铺权重高，新上架的产品排名占一定优势。新产品刚上架时，淘宝会赋予一个比平均人气高一些的初始人气值，因此新品容易获得流量。但如果在新产品的展示机会期间，没有产生较好的后端转化数据，如点击率低和停留时长短等，新产品的权重就会慢慢降低，直到从搜索结果中消失，因此上架新产品一定要做好前期准备工作。

DSR 评分是指淘宝买家在交易完成后给店铺“描述相符”“服务态度”“物流服务”这三项进行评价的分值。系统计算最近 180 天内所有买家给店铺打分的平均值。DSR 评分也是衡量店铺服务水平的重要指标。描述相符反映淘宝店铺的产品质量是否过关，主图和详情页描述是否与实物相符等。服务态度反映店铺运营团队的综合服务水平，即有没有把店铺的用户服务好，有没有让用户满意。物流服务反映物流的整体水平，包括发货速度、到货时长、客服服务态度、物流人员的服务能力和服务态度等。

DSR 评分是淘宝店铺运营的重点之一，DSR 评分高可以使店铺权重不断提升，使产品排序不断向前，并带来了更多的流量及销量，如图 5-15 所示。一般 DSR 评分高的店铺转化率也高，这是 DSR 评分影响店铺权重的核心。如果不关注动态评分，DSR 评分下滑太多，产品的各项数据也会相应下降。通过生意参谋的服务—评价概况，可以看到评价的走势情况，及时发现问题并处理。例如，物流服务评分下滑，就要及时提高发货速度。

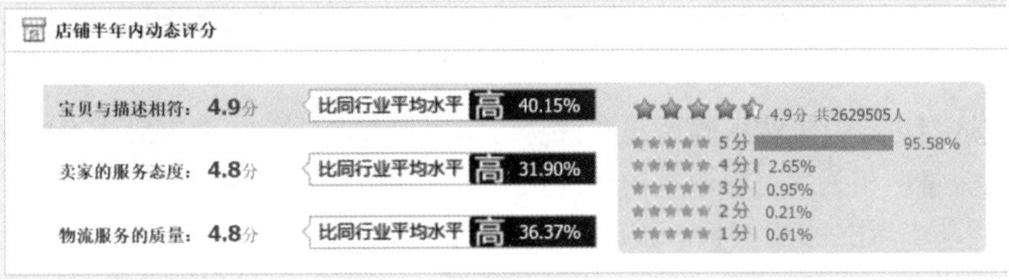

图 5-15

5.2.9　优化产品权重

产品权重是淘宝 SEO 因素中的重中之重，优化产品权重，提升排名，通过自然流量的方式获取用户，才是店铺赖以生存和发展的基础。

影响一个淘宝产品排名的主要因素包括单位流量产出、跳失率、搜索转化率、收藏率、好评率、描述评分、人气值和销量等。其中，销量和好评率是评价产品权重的核心要素。销量是指产品在 30 天内的销量。为防止作弊，淘宝推出了多种防作弊算法，如同一个旺旺 ID 一个月只计算一次交易，如果实际成交价格低于正常售价太多，此次交易会被减去，即不参与正常的权重计算。而且不是所有的用户评分都具有同等权重，买家信用等级越高权重越高。另外，评价字数越多，提到的好评内容越多，得到的权重越高，如图 5-16 所示。

单位流量产出是平均每个用户所能带来的销售额。在淘宝平台综合流量已到达瓶颈的情况下，淘宝希望每个流量都能得到最充分的利用，单个流量能产出的销售额越高越好。单位流量产出是一个综合计算指标，这个指标的优劣源于三个要素：用户精准度、转化率和客单价。其中，用户精准度决定了转化率的高低。在生意参谋市场行情分类下的行业大盘数据中，选择最近 30 天的数据，可以找到客单价、支付件数和用户数三个数据。单位流量产出=客单价×支付件数/用户数，通过这个公式可以判断单位流量产出优劣。虽然这个结果并不十分精准，但可以给店铺的单位流量产出一个大概的参考。另外，通过专业版的生意参谋，还可以查看主要竞争产品的单位流量产出数据，为优化提供依据。

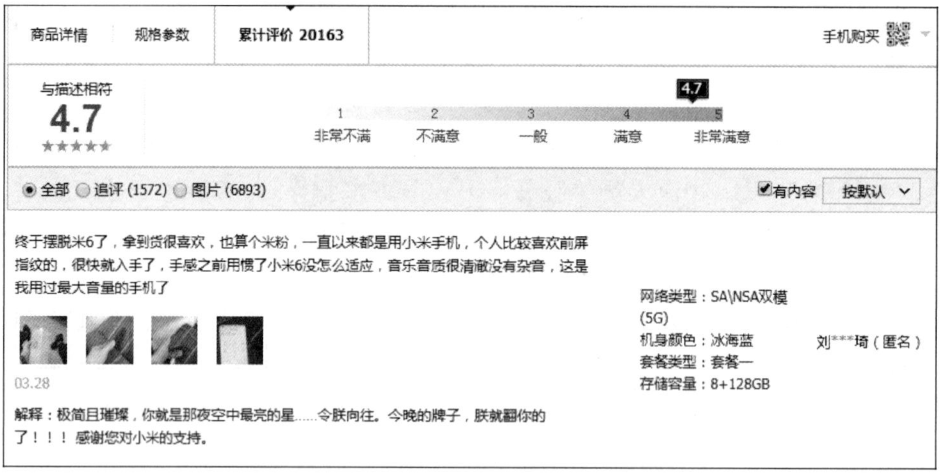

图 5-16

跳失率是指访问但未购买的用户数占总访问用户数的比例，决定跳失率的关键因素有三个。一是流量的相关性，即流量的精准性。不可使用非精准的关键词，因为即使带来了流量，也会影响店铺的搜索权重。如果不是为了引流需要，只是为了扶植搜索，淘宝直通车最好不要广泛匹配。第二，设计有吸引力的详情页。详情页逻辑设计合理且美观可以吸引用户注意，并且让用户读下去，直至产生购买行为。第三，关联销售的水平。如果用户没有购买此商品，可以引导到其他商品，减少店铺跳失率。小米手机关联销售示例如图 5-17 所示。

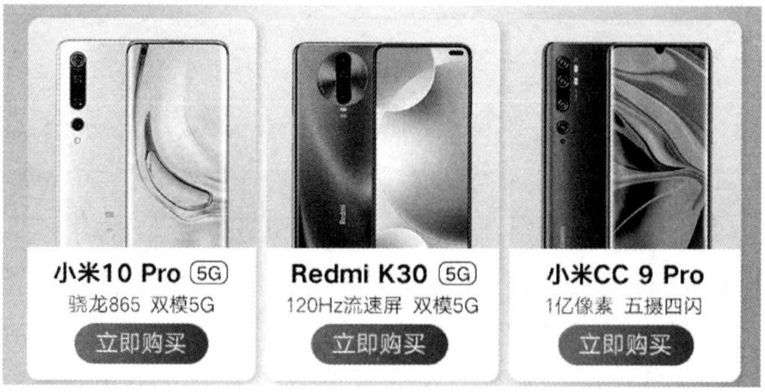

图 5-17

5.3 微博 SEO

微博（Weibo）是一种基于用户关系的信息分享、传播的社交媒体。用户既可以作为观众，在微博上浏览感兴趣的信息；也可以作为发布者，在微博上发布内容供他人浏览，如图 5-18 所示。微博最大的特点是发布信息快速，信息传播速度快。2018 上半年中国微博用户数约 3.37 亿，在整体网民数量中微博用户数比例达到 42.1%。如此大的用户基数，微博优化是 SEO 必争之地。如果微博 SEO 做得好，即使不宣传微博，也有很多人会主动关注。微博 SEO 包括用户名排名和内容排名，但内容排名是即时排名，可操作空间较小。下面重点介绍用户名排名。

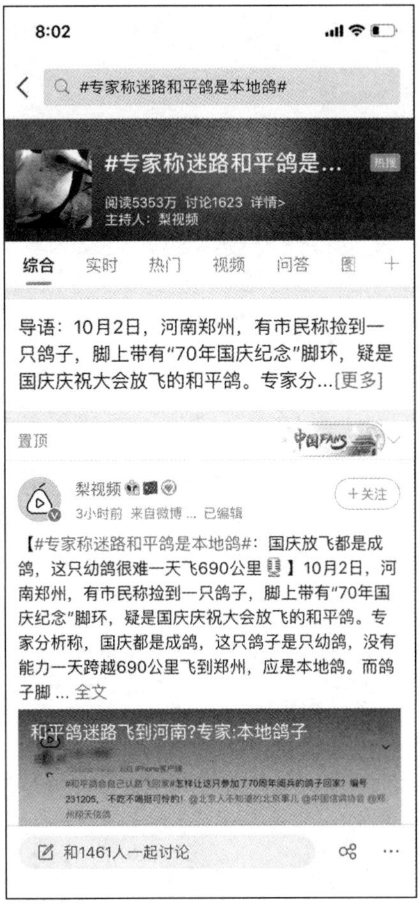

图 5-18

1. 微博用户名相关度

用户名与搜索关键字匹配程度越高，排名越靠前。如果搜索的关键字是某微博的用户名，该微博排名会加分。因此，在设置微博用户名时应考虑目标用户群可能搜索的关键字。注意，新浪微博用户名是不能重复的。用户会搜索自己感兴趣的微博关注，在结果第一页出现最容易获得关注，因此如果抢注了恰当的关键字，粉丝涨得非常快。

2. 简介和标签

如果在简介和标签中也有关键字，排名会加分。如果简介和标签的内容质量高，即使其中没有关键字，也可以获得较好的排名，同时方便别人通过标签搜索。

3．粉丝、关注数和微博数

粉丝越多，排名越靠前，这个指标对优化影响较大。同时关注他人微博数越少，排名越靠前。微博数越多，说明微博用户比较活跃，排名越靠前。因此为了提高排名及增加粉丝数量，减少关注数是方法之一。

4．认证微博

认证后的微博在同等情况下，排名会靠前。

5．微博内容质量、转发数和评论数

内容质量越高，排名越靠前。转发数和评论数越多，排名越靠前。有些用户为了提升排名，不惜花重金购买大量转发数和评论数。

5.4　微信 SEO

微信的活跃用户总数已经超过了 10 亿。微信不再是一个单纯的聊天工具，已经发展成集交流、资讯、娱乐、搜索、电子商务、办公协作和企业用户服务等为一体的综合化信息平台。微信 SEO 是指在微信搜一搜与看一看的搜索结果中，获得比较靠前的自然排名的技巧和策略。在微信搜索“装修公司”的结果如图 5-19 所示。

图 5-19

微信指数是微信 SEO 常用的工具之一。评估一个关键词在微信的热度时，可以在微信指数中查询，在微信界面上方的搜索框中输入“微信指数”即可。微信指数是微信推出的基于微信大数据的移动端指数。微信指数显示的热度来源于对微信搜索、公众号文章及朋友圈公开转发文章形成的综合分析。根据 24 小时、7 日、30 日及 90 日的关键词动态指数变化情况，可以看到某个词语在一段时间内的热度趋势和最新指数动态，如图 5-20 所示。

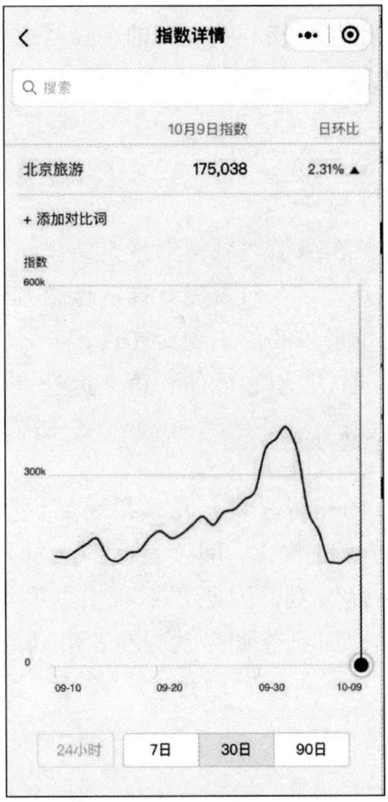

图 5-20

微信可以监控很多后端数据，如文章转发数、文章评论数、公众号关注量等。微信 SEO 与百度 SEO 有较大的区别，微信 SEO 应注意以下几点。

1. 确认优化渠道

微信的搜索结果聚合了小程序、公众号、朋友圈、搜狗百科、搜狗问答、腾讯视频、第三方网站等内容。不同的关键词类型搜索到的着陆页大不相同，有的关键词类型小程序排名能力强，有的关键词类型朋友圈排名能力强。因此需要根据自己所在的行业，观察微信搜索结果的渠道类型，再确定优化方向。一般情况下，小程序和公众号在微信搜索的排名能力较强，是微信 SEO 的必选渠道。

2. 公众号认证

认证的公众号比未认证的公众号更具有排名优势，且优化所需时间短。认证的公众号具有实名属性，发布假新闻、发生违法违规事件的概率较小，因此微信给予认证公众号较大的权重，在排名上具有先天优势。

3．公众号名称及简介优化

公众号名称一定要包含行业最核心的关键词。当公众号名称包含关键词时，在微信“公众号”搜索结果页占有绝对优势。在公众号简介中包含关键词则属于加分项。如果最核心的关键词被使用了，也可以采用包含核心关键词的公众号名称或简介。例如，目标关键词“酒店预订”已经被占用，可以采用“去哪儿酒店预订”“低价酒店预订”等具有包含关系的公众号名称。

4．文章标题及正文优化

在文章标题中出现关键词，在微信“文章”搜索结果页也具有较大优势。在正文中出现关键词则有利于促进文章提升排名。与百度一样，微信判断一篇文章主题最重要的参考因素是标题，即标题代表了文章最核心的主题。在设计一篇文章的标题时，既要考虑布局一些有搜索量的关键词，又要通过吸引眼球的词语来提升点击率。

5．阅读量、转发数、评论数

阅读量代表了用户对文章的热爱程度，阅读量越高说明越受用户喜爱。微信在排名上给阅读量这个指标赋予了较大的权重，阅读量高的文章具有异常高的权重，阅读量和评论数、转发数越多，对排名越有利。因此要不断积累粉丝，粉丝越多，带来的自然阅读量越多，对优化有促进作用。如果前期粉丝较少，可以通过微信群或好友帮忙提升阅读量。

6．粉丝数

粉丝数多说明公众号整体运营水平质量好，高质量文章出现的概率较大。粉丝数越多，排名越容易靠前。如果前期粉丝数不多，可以专注做一些竞争难度小的关键词，一边优化关键词，一边积累粉丝数。当粉丝数积累到一定程度后，再做竞争难度大的关键词。

7．配图美观

微信用户具有明显的移动端属性，即时间碎片化严重，用户注意力分散，可以用“刷手机”来形容用户的浏览状态。用户不断地用手指向上滑动手机屏幕内容，是否要看某条信息的决策，用户花费的时间平均不到 1 秒。此时美观的图像会吸引用户的注意力，如图 5-21 所示。

综上所述，微信 SEO 非常注重内容质量，SEO 团队需要投入更多的时间和精力运营内容。如果内容质量好，就会有较高的自然阅读和转发点赞等流量，微信也会给予适当的流量扶持。

图 5-21

5.5　抖音 SEO

抖音是一个可以拍摄短视频的音乐创意短视频社交软件，于 2016 年 9 月上线。使用这款软件，用户可以选择歌曲，拍摄音乐短视频，形成自己的作品。百度发布的 2019 内容创作年度报告显示，短视频应用用户数已经达到 5.94 亿，占总网民数的比例高达 74.19%。其中，30 岁以下网民的短视频使用率为 80%。2018 年 12 月，短视频应用的月活用户数达 4.26 亿。在抖音平台的用户画像与特性上，60%的用户拥有本科以上学历，主要集中在一二线城市，90%小于 35 岁，并且男女性别比例为 4∶6，以女性居多。2019 年 7 月，字节跳动公布抖音日活用户数超 3.2 亿。抖音流量绝大部分来自推荐机制，但有搜索框的地方就有 SEO，抖音拥有如此大的用户基数，抖音视频搜索是 SEO 人员不得不关注的渠道。

抖音视频搜索排序的主要规则先是视频标题中包含的关键词，然后是视频播放数、点赞数及评论数等。提升视频质量，增加播放数是抖音 SEO 的核心策略。通过批量制作大量视频覆盖长尾关键词，也是抖音 SEO 方法之一。例如，一个专门制作菜谱的公司，把每道菜的做法都做成视频发布，搜索任何常见菜的名字都可以找到它，如图 5-22 所示。

抖音具有明显的娱乐和视频属性，抖音 SEO 需注意以下几点。

1．抖音新号需要“养”

由于抖音是巨大的流量入口，所以某些商家通过批量注册抖音号、批量发布低质视频的方式达到引流销售的目的，而低质视频严重损害了用户体验。为了打击此类行为，抖音对新注册的账号有一段观察期，在观察期内，抖音主要通过账号行为判断用户是否属于正常用户。观察期内账号上传的视频几乎不予推荐，而且观察期内的账号需要像正常账号一样产生各种行为，如浏览、点击、点赞、收藏等，还要保持 3～7 天。这就是“养”号。

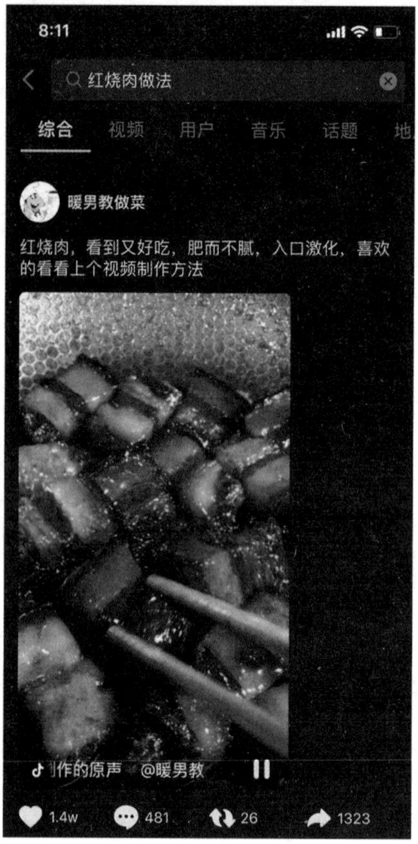

图 5-22

2．爆款视频的特征

爆款视频需要符合以下几个基本特征。

- 视频内容受众面广，不能太专业和过于细分市场。专业领域的视频，无论内容质量多么优质，过窄的受众人群决定了它不可能成为爆款。
- 视频要有趣味性。抖音平台具有明显的娱乐属性，具有趣味性的视频才能满足用户需求。
- 容易与用户产生共鸣。有价值的作品更容易得到推荐和传播，能否与用户产生共鸣为检验作品是否有价值的标准。
- 如果具备以下因素，也容易受用户欢迎：

高颜值的帅哥美女；

爱演的戏精；

唱歌、弹琴、跳舞等才艺高手；

特殊技能类展示，如手工蜘蛛；

萌娃、萌宠；

真实感人的故事。

3. 优化抖音需要关注的数据

- 点赞数。点赞是由于用户喜欢而产生的主动赞赏行为。点赞数越多的作品会得到越多的推荐。
- 完播率。完播率越高说明视频越受欢迎，完播率是判断视频质量的重要指标。让每个用户都看完视频，甚至多看几遍是抖音 SEO 的目的之一。
- 评论数。评论数体现了视频受欢迎的程度，因此需要在视频中留槽点，留给用户评论的机会。
- 关注数。关注数决定账号整体的权重。关注数越多，视频得到的展示机会越多。

4. 发布视频的最佳时间

短视频在早中晚三个时间段有明显的流量高峰，在高峰期发布视频更容易获得流量。早高峰是指上班前一小时，这个时间段有大量上班族在上班路上用抖音消磨时光。中午高峰是午餐休息时间，午餐后大家通过手机浏览短视频短暂放松。下班后一直到睡前是短视频流量的第三个高峰期，持续时间最长。

总之，抖音 SEO 高度依赖高质量的视频作品。在做高质量视频的同时，通过引导粉丝留言互动、点赞等行为可以增强视频统计的效果，进一步增加视频流量。

5.6　ASO

App 是移动互联网时代一个重要的流量入口。目前的移动互联网流量中，由 App 产生的流量已经占到了全网流量的 70%以上。在 iOS 平台和 Android 平台上，App 的数量已经达几百万个，无论何种类型的 App，都要和几十甚至成百上千个同类 App 争夺有限的展示位。因此无论对 App 的开发者，还是对从事移动互联网营销的运营者来说，应用商店的排名优化（ASO）都尤为重要。ASO 可以分为冲榜和关键词排名优化两种。冲榜是指 App 出现在某分类的榜单中，关键词排名优化是指 App 出现在关键词搜索结果中。

ASO 的目标是提升 App 在应用商店中的自然下载量，下载量=展示量×下载转化率。因此 ASO 目标分为两部分：一是增加 App 的展示量，二是提高 App 从展示到下载的转化率。对于展示量，应用商店的展示位置主要有 3 个：排行榜（即榜单）、精品推荐与关键词搜索。榜单与推荐的位置较少，关键词搜索的曝光机会最多，流量也最大。iOS 平台的下载转化率主要受 App 在 App Store 中展示的形象影响，标题、图标、截图、评论等都是关键要素。

无论搜索优化还是榜单优化，都可以借助积分墙实现。积分墙是在一个应用内展示各种积分任务，以供用户完成任务获得积分的页面。这些任务包括安装推荐的优质应用、注册、填表等。例如，优化“美国旅游”这个词，首先到积分墙发布任务，任务是让用户到应用商店搜索“美国旅游”，然后找到对应的 App 进行下载。当这种搜索下载行为达到一定量级后，应用商店会提升此 App 在“美国旅游”关键词的排名。对于各大应用商店来说，积分墙伪造了正常用户的下载行为，破坏了正常的排序逻辑，各大应用商店都极力打击。

5.6.1 搜索优化

用户在应用商店搜索指定关键词，找到并下载对应 App 的行为称为“搜索下载”。搜索下载占总下载量的 65%，是所有下载方式中流量最大的一个。在搜索结果中，排名位置越靠前，获得的流量越大。通常情况下，关键词搜索结果前三名可以瓜分 70%以上的流量。开发者通过应用商店的排名规则提高 App 的展示量和下载量，称为“搜索优化”。关键词的排序因素包括应用名称、副标题、关键字、应用描述、用户评价、应用安装量、活跃用户量、活跃用户比例和用户留存度。在 App Store 搜索“旅游”的结果如图 5-23 所示。

图 5-23

1．App 覆盖关键词的来源

一般情况下，如果 App 出现在某个关键词的搜索结果中，称 App 覆盖了这个关键词。

关键词覆盖数是获得流量的基础数据，覆盖数越多，展示的机会越大。覆盖关键词主要通过在应用名称、关键词、开发商名称、分类、内购项目等位置的词进行优化。

应用名称也称为应用标题，分为主标题和副标题两部分，中间用连接号连接。应用名称是所有排序因素中最重要的一个，主标题权重大于副标题。iOS 平台中的应用标题最长为 50 个字符，并且禁止添加竞品词和无关词。

关键词是影响排名的第二大因素。iOS 平台中的应用允许添加的字符为 100 个，1 个汉字、1 个数字、1 个字母都占 1 个字符。由于关键词数量较多，所以可操作空间较大。根据合理的分词和排序，利用 100 个字符可以覆盖很多关键词。例如，想覆盖 3 个目标关键词："旅游""记录""游记"，如果直接写为"旅游记录游记"，占用了 6 个字符；如果写为"旅游记录"，只占用了 4 个字符，分词同样可以分出"旅游""记录""游记"。

开发商名称也参与关键词排序，但权重较低。如果开发商是知名品牌，应将品牌名称放入关键词中，增加排名优先权，获得品牌词流量。

在 iOS 平台中，App 的分类会被自动收录为关键词。除此之外，内购项目也可能被采纳，但这些词权重较低，不作为优化重点。

2. 挖掘有效关键词

知己知彼，百战不殆。挖掘有效关键词可以从自己 App 的关键词及竞争对手 App 的关键词着手考虑。先要对自己 App 的关键词覆盖做到详细监控，了解关键词覆盖总量、覆盖量的增减情况、在当前关键词下的排名、关键词搜索指数等信息；再查看竞争对手覆盖了哪些关键词，找到差距。

3. 先长尾后主词

App 上线前期的自然下载量一般都不大，这个阶段主要挖掘长尾关键词，以优化长尾关键词为主。等 App 有了一定的下载量，再拓展行业词、竞品词等。例如，一个旅游 App 刚上线时，与去哪儿、携程、马蜂窝等平台竞争"旅游"这种行业词异常困难，但竞争难度比较小的"泰国旅游""三亚旅游"等关键词并不困难。

5.6.2　榜单优化

以 iOS 平台为例。榜单是 App Store 中所有排行榜的统称，包括总排行榜、分类排行榜、收费排行榜和免费排行榜等。一旦冲榜成功，流量十分可观。榜单的排序因素主要是下载量，但积分墙是冲榜的常用手段。如果不是自然冲榜，而是靠积分墙等手段占据榜单，费用十分高昂，不适合长期占据榜单。因其费用较高，对中小企业来说，冲榜的性价比不高。

选择竞争较小的榜单是开发者可以考虑的方法之一。App Store 共有 25 个榜单分类，如游戏、教育、健康健美等。除"儿童"榜（见图 5-54）外，其他榜单都可以由开发者自行选择。不同的榜单热度不同，竞争难度也不一样。例如，一个帮助境外旅游人员即时翻译的软件，如果在工具榜单冲榜较难，可以考虑旅游榜单。

图 5-24

付费转免费。限时免费可以短时间内吸引大量用户下载，有利于快速冲榜。限时免费的方式，对于已经具备一定品牌知名度的 App 来说非常有效，而且成本较低。

策划推广活动。由公司统一策划推广活动，在各大渠道同时上线，采用这种集中推广吸引用户下载的方式可以快速提升榜单排名。以某旅游 App 为例，2016 年暑假前期，该 App 通过朋友圈广告、广点通、网红媒体资源宣传等活动，仅用了不到一周的时间就冲到了免费榜单前 10 名。

5.6.3 安卓应用商店

苹果应用商店只有官方一家，安卓应用商店则比较分散，需要分别优化。值得关注的安卓应用商店列表如下。

1. 应用宝

应用宝是腾讯应用中心专为智能手机用户打造的一个手机应用获取平台。应用宝依靠微信的巨大流量，用户群体已经具备了一定规模。应用宝 ASO 的思路是：在标题+关键词+描述中出现目标关键词，然后配合一些付费的 CPD 推广，提升整体包的权重以获取更多的自然流量。腾讯游戏行业的推荐机制值得借鉴，即对腾讯大量级的精品游戏产生的用户游戏相关数据，加上市场份额较大的应用宝平台的手机用户行为进行挖掘，在大数据作用下产生精准推送的效率较高。应用宝很看重评论的质量，所以应用宝 ASO 优化过程中评论非常重要。评论对下载转化率起到了决定性作用，好评和差评的应用在相同的位置至少会有 30%下载量的差距，因此定期鼓励用户进行评论是非常有必要的。

应用宝开发者后台地址为http://open.qq.com/login。

提交应用需要准备的资料如下。

（1）开发者 QQ 号

注册后不能变更，建议使用公共 QQ 号而非私人 QQ 号。

（2）公司或个人基本信息

- 公司信息。包含公司名全称、营业执照号码、组织机构代码、公司地址、联系人、联系人手机和邮箱。
- 个人信息。包含姓名、身份证号、联系地址、手机和邮箱。
- 著作权。上架 App 必须要有软件著作权，说明这个 App 是属于某个公司的，否则会被拒绝。应用宝要求上架的产品名字和软件著作权上保持一致，如果不一致，则在上架审核时会被拒绝。
- icon 图标。应用宝要求上传两个 icon 图标，一个要求尺寸为 16 像素×16 像素，PNG 格式，大小控制在 20KB 之内；另一个要求尺寸为 512 像素×512 像素，PNG 或 JPEG 格式，大小控制在 200KB 之内。icon 图标是向用户展示产品内容最直接的方式之一，因此当 App 的内容有优惠信息或者在一些重大的节假日时都要更换，体现产品的人性化和对用户体验的重视程度。
- 描述。应用宝的描述限制在 500 个字符，一般描述中的一些关键词有一定概率被收入该产品的关键词中，因此在填写描述时，应体现核心业务。
- 关键词。关键词可以自定义，应用宝要求与 App 的属性相关联，应用宝系统审核，如果不符合会被驳回。
- 渠道包。应用宝允许不同的渠道定义不同的渠道包，方便统计不同渠道的数据。

2. OPPO 应用商店

OPPO 手机的销量一直处于国内手机销量的第一阵营，依靠其较高的市场占有率，OPPO 应用商店用户量非常庞大。与其他平台不同的是，OPPO 应用商店不提供关键词字段，标题可操作空间较小，因此 OPPO ASO 的方向主要是下载量、用户评论数及留存率。

OPPO 开发者的地址为https://id.oppo.com/login，打开后的界面如图 5-25 所示。

在 OPPO 应用商店提交应用与其他平台一样，首次登录需要注册，然后提交公司的信息，包括营业执照、法人手持身份证照片、开户许可证和手机号码等。OPPO 应用商店中没有填写关键词的地方，唯一能够修改的是标题。官方要求 App 名称与解析包保持一致，如被占用可加副标题，且副标题长度不超过 10 个字符。

图 5-25

icon 图标要求与安装包中的图标一致，尺寸为 512 像素×512 像素，图像格式为 PNG，且小于 1MB。

应用商店预览图可上传 3～5 张截图，支持 JPEG、PNG 格式。截图尺寸要求为 1080 像素×1920 像素，单张图像不能超过 1MB。截图中顶部状态栏的通知图标要取消，也不得使用其他品牌的手机作为边框或宣传图。

OPPO 应用商店中应用的描述字数最多不能超过 1500 个，最少不能低于 20 个，正常描述产品功能即可，可以将优惠信息、产品特点写在前三行。

3．vivo 应用商店

与 OPPO 手机一样，vivo 手机的销量也一直处于国内手机销量的第一阵营，依靠其较高的市场占有率，OPPO 应用商店用户量同样非常庞大。

vivo 应用商店优化的基本思路是免费标题优化+付费 CPD 投放。

vivo 开发者后台地址为https://id.vivo.com.cn/，打开后的界面如图 5-26 所示。

目前的 vivo 开发者只针对企业开放注册。如果未注册，需要提交资质认证，即营业执照与法人手持身份证照片。

因为 vivo 应用商店判断产品关键词的主要方式是标题，所以 vivo 应用商店 ASO 应注重标题。除与软件著作权产品的名字保持一致外，还需要添加一个副标题，从而增加关键词的收录数量。vivo 中的标题不是读取 APK 安装包中的名字，而在上传 APK 安装包完成后自行更改。注意，vivo 应用的名称每年只能修改 4 次，未用完次数不可累积，因此每次修改产品名称都要谨慎，除非产品重大改版，否则不建议修改产品标题。

图 5-26

icon 图标支持 JPEG、PNG 格式，尺寸要求长等于宽，不低于 256 像素×256 像素，不超过 512 像素×512 像素，大小在 50KB 之内。

应用截图可上传 3～5 张清晰截图。要求竖图，尺寸为 480 像素×800 像素，格式为 JPEG 或 PNG，每张图像尺寸一致，单张图像大小不超过 2MB。

vivo 的付费 CPD 投放与 OPPO 一样需要代理开户。

4．小米应用商店

小米应用商店是小米科技旗下米柚安卓系统中的一个安卓应用推荐软件，如图 5-27 所示。截至 2019 年 10 月，小米应用商店的应用下载次数超过 200 亿。

默认读取 APK 安装包中的标题。允许与安装包不一致，允许开发者填写 8 个字符。标题中的关键词也是排序最重要的依据。

关键词要求在 100 字符内，小米不允许填写竞争产品关键词，开发者需要充分利用这 100 字符，尽量不要重复。

手机预览图即应用商店品牌展示图，要求尺寸不低于 720 像素×1280 像素。

5．华为应用市场

华为应用市场是华为终端的官方应用分发平台。每部华为手机都安装了华为应用市场，用户数据量非常庞大。华为应用市场的优化策略为免费+付费 CPD 投放。

标题要求与软件著作权中保持一致，否则拒绝上架。

华为的付费 CPD 投放推广，并不是所有产品都能投放，部分特殊类产品需要先向小米官方申请，审核通过后，才能投放。正常的评测申请是提交营业执照、软件著作权、App包和 AppID，发送电子邮件到指定的华为邮箱，一般两到三天内会回复。

图 5-27

华为的 CPD 投放分为两类。一类是推荐列表，即打开华为应用商店的页面或下载完成一个 App 时，底部会有很多推荐的 App。另一类是搜索列表，即在搜索一些特定的关键词时下面显示的 App 排名。出价的公式为排名=App 的质量度×出价，即 App 质量度越高，对应地获取靠前的排名，出价越低；反之，如果产品的质量度一般，就需要较高的价格才能获取靠前的排名。

6. 百度手机助手

百度手机助手是百度旗下的手机应用商店，依托百度搜索引擎及相关产品的用户群体，百度手机助手也有一定的用户规模。百度对于 App 上架要求比较高，特别是对于一些特殊行业，要求更高。建议 App 在上线初期不要涉及敏感行业和敏感词汇。

开放百度手机助手的搜索能力给开发者进行运营，能够更加精准地获取新用户。开发者可以通过搜索关键词的配置，提高在搜索结果中的排名，进而提高下载量。搜索相关词可填写与应用功能、内容、竞争产品相关的关键词。填写相应内容后再“确认投放”。投放的内容将在第二天生效，生效后的第二天可以查看投放效果。百度手机助手的特点是可以看到每个投放词带来的效果。

除了上述应用商店，以下应用商店也值得开发者优化。

- 360 手机助手 http://sj.360.cn/index.html
- 91 手机助手 http://zs.91.com/
- 豌豆荚 https://www.wandoujia.com/

- 安智市场　http://www.anzhi.com/
- 应用汇　http://www.appchina.com/
- 木蚂蚁　http://www.mumayi.com/
- 搜狗手机助手　http://zhushou.sogou.com/

5.7　樊登读书抖音案例

自 2016 年开始，知识付费在中国呈现爆发式增长的趋势，作为一个市场潜力巨大的新兴产品，迅速吸引了大量行业巨头参与，知乎、得到、喜马拉雅、分答、在行、知识星球、微博问答等一大批知识付费产品如雨后春笋般涌现。大量知识付费产品的出现让本来蓝海的市场迅速成为一片红海，竞争尤为激烈。在读书这个细分领域，用户一般按年付费，而且同一用户购买多家产品的概率很小，谁先让用户首次付费，谁就能吃到第一块蛋糕。

樊登读书创办于 2003 年，主要产品是视频、音频的读书类产品和知识课程，每年带领大家读 50 本书。其主要赢利来源是每年 365 元的会员费、樊登商城及付费知识课程，樊登读书 App 首页如图 5-28 所示。

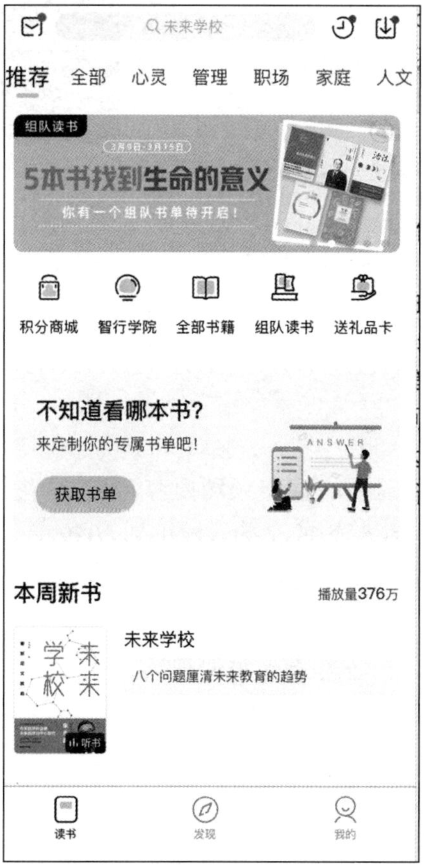

图 5-28

为了抢占先机，快速占领市场，樊登读书仅用了一年的时间，通过运营抖音号矩阵，就吸引了过亿的粉丝。截止到 2019 年 3 月，樊登读书 App 用户数达到 1500 万，年收入过亿元。樊登读书已经成为当下知识付费时代内容创业的佼佼者。樊登读书在抖音的营销方法是非常成功的经典案例，下面简要介绍。

樊登读书在抖音建立各种读书类账户，通过这些账号发布大量有哲理且能带给人们心灵启迪的视频吸引用户成为粉丝。当粉丝查看账号首页时，则引导粉丝体验樊登读书 7 天免费会员。

樊登抖音号首页首先通过“免费听书 240 本”的文案吸引用户点击官网链接，然后引导用户注册体验，如图 5-29 所示。如果用户发私信，会收到预先设置好的自动回复，自动回复内容为引导用户添加微信，通过微信实现转化，如图 5-30 所示。

图 5-29

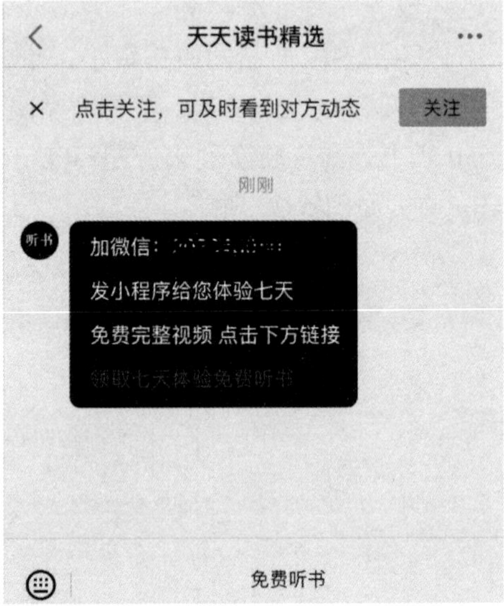

图 5-30

1．矩阵号运营

矩阵号运营是指使用多账号发布同一领域内容，目的是获得账号所在平台更多的推荐，从而获得更多的展现机会，达到营销的目的。截止到 2020 年 3 月，樊登读书在抖音的矩阵号数达 120 多个，粉丝数分别在几十万到几百万不等，最多的单个账号粉丝数有上千万，总粉丝数上亿，如图 5-31 所示。基于抖音的兴趣推荐机制，一旦用户看完一条樊登读书某个矩阵号的视频，抖音会向用户推荐更多类似视频，并向具有相似兴趣的用户推荐同一视频内容，在数量上形成指数级增长。

2．产品定位细分市场

产品定位细分市场有利于用户对产品形成专业印象，容易识记与传播。樊登读书虽然做的是“读书”市场，但并不是所有类目的书都涉及，也不是什么品类热门就做什么。樊登读书聚焦于能够对人们的生活产生帮助的书籍，特别是在有助于改善教育观念、改善夫妻关系、改善人际关系、改善自我认知等细分领域。这种问题几乎每个成年人都会遇到，但自认为处理非常好的人较少，产品虽然细分但受众面广，市场潜力大。

图 5-31

小例子

视频内容举例

视频名称：莫名其妙的感觉。

视频内容：你一定要小心你出现这种莫名其妙的感觉，记住这个词——莫名其妙，比如说我莫名其妙地生气。世界上没有莫名其妙这回事儿，如果你觉得莫名其妙地生气，你往里面探索一下，会发现一定有个潜意识的东西在等着你。

视频名称：孩子叛逆的原因。

视频内容：家长要意识到叛逆不是孩子的错，然而叛逆背后的心理动机是什么？很多家长不知道孩子为什么叛逆，其实叛逆背后的心理动机是无助，无助是核心。孩子的身体快速成长，长得比爸爸妈妈都高，这一刻他很慌乱。我要进入这个社会，我要成为成年人了，但是我什么都不会，我完全不知道怎么应对这个社会，孩子有一大堆各种各样的问题没有得到解答。这时需要家长对孩子进行适当引导。

3. 真人出镜

知识付费产品的抖音内容有两种拍摄形式，一是音频加文字特效，如图 5-32 所示，二是真人出镜。樊登读书的抖音视频基本上都是樊登亲自出镜，亲自解说。真人出镜更容易与粉丝建立亲切感，获得粉丝的认可。

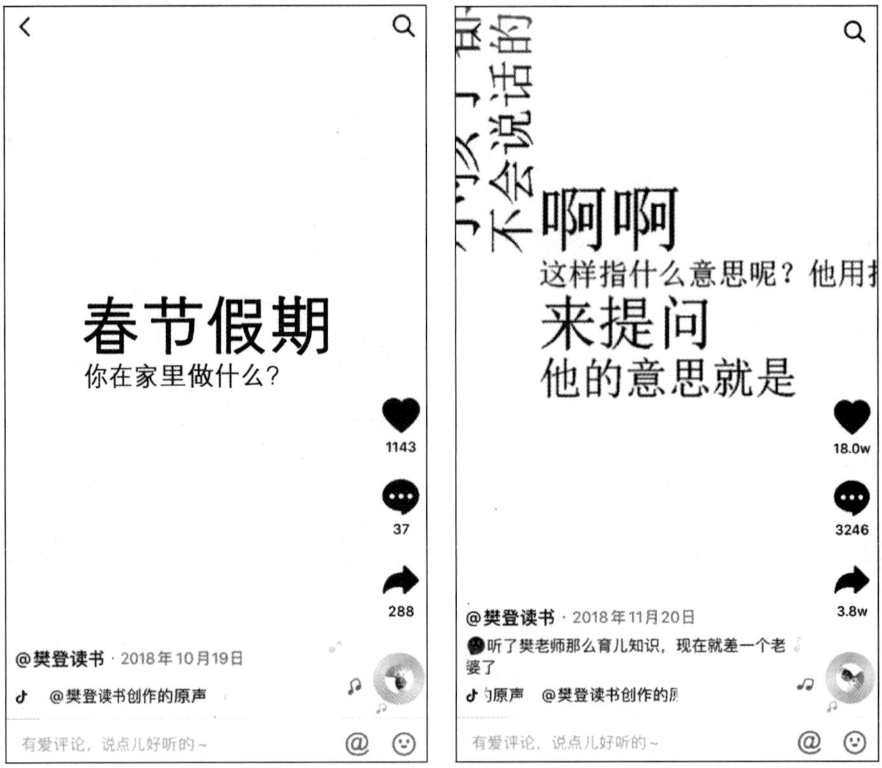

图 5-32

第 6 章

SEO 与增长

增长是企业永恒的主题，也是衡量企业未来价值的核心指标。增长思维是指以技术驱动营销，通过精细化运营帮助企业稳步增长，是现代企业管理人员和营销人员的必备思维。目前互联网的流量红利消失，企业的获客成本增高。传统广告在投放中无法精准定位目标用户，网络投放成本的逐年增高是企业在营销中遇到的实际问题，探索低成本获客的方式成了企业的必修课。SEO 具有成本低、目标用户精准的优势，是低成本获客的首选方式。

6.1 企业增长与 SEO

SEO 是一个成本低且非常有效的促进收入增长的推广方式，不仅适合中小型站长，对企业营销来说也格外重要。SEO 既降低了推广成本，又大大提高了推广效果。在电子商务这个热门的行业中，SEO 发挥了较大的作用。目前，大部分网络营销方式是将信息推送到用户面前，但用户可能没有相应的需求，这就造成了目标用户不准确、广告投入浪费严重的现象。SEO 流量由用户主动搜索触发，流量质量高。SEO 除人力成本外，几乎没有其他支出，属于性价比高的推广方式，而且其拓展性强，通过关键词拓展的方法可以为网站增加大量的目标流量。流量的天花板高，可操作空间大。竞价广告一旦停止投放，流量就立刻为零；SEO 流量则不同，一旦稳定，就可以维持很长一段时间。

6.1.1 组建团队

组建 SEO 团队是招聘 SEO 全职人员还是使用外包团队，取决于以下两点。

第一，SEO 工作量是否足够多。如果工作量可以满足全职岗位，那么优先考虑全职人员。判断 SEO 工作量的依据是公司需要 SEO 流量的大小，需要 SEO 流量越大，工作量越多。找到适合 SEO 人员的方式：一是核实对方的工作经验与操作过的案例，二是通过 SEO 圈内人推荐。

第二，SEO 人员能力是否满足企业发展需要。如果 SEO 人员由网站编辑或其他岗位转岗而来，可以考虑聘用 SEO 专家团队。SEO 专家拥有广泛的行业关系，可以帮助企业轻松地获得 SEO 行业资源。

SEO 团队按规模可分为小型网站 SEO 团队、中型网站 SEO 团队、大型网站 SEO 团队和超大型网站 SEO 团队。

1. 小型网站 SEO 团队

聚焦于某一类简单业务的小型网站可以采用 SEO 外包的形式。例如，一个专注于天津市某个区的线下会计培训机构，目标人群范围小且业务简单，每日流量最多几千，这时可以聘请一名资深的 SEO 专家做 3～5 个月的顾问。在这几个月中，他会完成搭建网站 SEO 整体架构、SEO 关键词布局、内链结构、权重分配等重点工作。后续只要按照他的要求，聘请一个网站编辑不断地更新网站，就能获得稳定的 SEO 流量。一个网站编辑的成本要比 SEO 全职人员的成本低得多，甚至可以采用兼职网站编辑的形式，要求每天产生多少篇原创文章即可。此种的 SEO 服务形式，可以压缩成本。

2. 中型网站 SEO 团队

中型网站每日流量以万为统计单位，且目标人群范围比较广泛。例如，一个面向全国的线上会计培训机构，目标人群来源不受地域限制，每日流量几万，这时可以聘请一个 SEO 全职人员，并设定一个流量提升目标。

3. 大型网站 SEO 团队

大型网站每日流量以十万为统计单位，SEO 全职人员是必然的选择。此外，聘请 SEO 专家团队作为顾问会起到事半功倍的效果。例如，一个做加盟业务的网站，企业拥有 SEO 全职人员 8 个，又聘请了两位 SEO 专家作为顾问。顾问的作用，一是培训企业自己的全职人员，开阔他们的眼界；二是规划网站整体策略，减小网站在 SEO 方向上的偏差，主要包括以下几点。

- 建立 SEO 战略发展框架，为 SEO 业绩稳定增长提供长期支持。
- 建立 SEO 数据管理系统，为 SEO 精细化管理提供支持。
- 为 SEO 团队提供技能培训、管理培训，为 SEO 业绩增长提供人才储备。
- 解决 SEO 过程中遇到的实际问题。
- 提供优化指导服务，实现 SEO 业绩增长。
- 提供 SEO 舆情管理咨询服务，维护公司在 SEO 结果中的正面形象。
- 关键词优化策略：关键词分类的原则，排名操作的方法。
- 站内优化策略：站内结构设计，关键词布局，代码规范。
- 外链执行策略：在何处创建外链，如何结合外链与所发布的内容，如何策划链接诱饵。

- 数据统计与分析策略：需要统计什么数据，哪些指标需要重点关注，哪些数据需要重点分析及分析原则。

所有策略确定后，将策略细分，形成微小的可执行的每日工作内容。

4. 超大型网站 SEO 团队

一个超大型网站每日流量达百万级，此时必须聘请多位 SEO 全职人员。SEO 相关职能岗位包括 SEO 经理、SEO 数据分析师、SEO 专员（外链）、SEO 专员（口碑）和 SEO 助理等。

SEO 经理：分管部门所有日常事务、部门财务规划、目标规划、执行策略制定等。

SEO 数据分析师：负责关键词挖掘、关键词分析、流量分析（来源、质量）、转化分析、搜索引擎算法分析、站内关键词布局、结构优化等。

SEO 专员（外链）：按照规定的外链执行策略操作外链，并配合站内活动策划链接诱饵等推广获取外链。

SEO 助理：协助经理管理部门的日常事务，负责与其他部门协同，处理相关部门的需求，负责团队建设等。

除了 SEO 全职人员，还可以聘请 SEO 服务公司。SEO 服务公司除了有专家出谋划策，还有规范化的 SEO 流程及大型 SEO 工具。这些大型 SEO 工具如果单独研发，成本较高，但 SEO 服务公司将这些工具复用后，成本会被均摊。

6.1.2　确定目标

SEO 属于营销范畴，任何营销活动都要设立明确的目标，并且这个目标需要量化。确定 SEO 目标的依据是投资回报率，SEO 总收益是否大于总支出。SEO 的支出包含 SEO 人员成本、为 SEO 生成内容的编辑人员成本、为 SEO 新增的技术人员成本及购买外链成本等。

网站流量是 SEO 的重要目标之一。搜索引擎或许可以带来巨大的网站流量，但企业应评估这些流量的质量和相关性。企业在确定流量目标时经常犯的错误就是只关注流量本身，而不关注流量的后续转化。如果给 SEO 团队只确定了流量目标，团队带来的流量可能极为宽泛，但不利于后续转化。

在网站的不同时期，聚焦的目标是不同的。网站建设早期，收录量是重要目标；经过一段时间运营，流量是重要目标；网站成熟后，转化收益是重要目标。下面先介绍确定目标的原则，再详细介绍网站不同时期的目标。

1. 确定目标应遵循的 SMART 原则

- S 代表明确性（Specific），指目标要明确业务具体指标，如提升流量或提升订单量，不能是类似提升 SEO 效果这种笼统的目标。
- M 代表衡量性（Measurable），即目标是可量化的，验证这些绩效指标的数据或信息是可获得的。例如，流量或订单量是可量化的且数据容易获得，如果是超越竞争对手这样的目标，数据不易获得，除非从其他渠道能获取竞争对手的精准数据。

- A 代表可实现性（Attainable），指目标在付出努力的情况下可以实现，避免设立过高或过低的目标。
- R 代表相关性（Relevant），指 SEO 目标与企业目标相关联，与本职工作相关联。
- T 代表时限性（Time-bound），即完成目标的特定期限，如一个月目标、三个月目标和六个月目标。确定一个没有明确时间节点的目标往往容易虎头蛇尾。

2. 确定收录目标

收录是流量的前提，只有被搜索引擎收录，才能参与排名。百度收录页面如图 6-1 所示。查询页面是否被收录的方法为直接在搜索引擎搜索网页地址。查询网站的整体收录量，可以在百度资源后台查看，若查找到结果，则说明搜索引擎已经收录了这个页面，如图 6-2 所示。对于一个网站而言，搜索引擎收录的页面数与网站页面总数的比值是收录率。正常网站的收录率高达 90%以上。网站收录率越高，页面质量越高，页面收录量越多，参与排名的机会越大，获得流量的可能性越高。

图 6-1

定制规则

定制的规则	规则命名	操作&状态
www.96jm.com/	--	查看数据
https://www.96jm.com/f/*	--	查看数据
https://www.96jm.com/k/*	--	查看数据
https://www.96jm.com/p/*	--	查看数据

全部展开

图 6-2

在网站建设初期，收录量应设为首要目标。收录率应以目录或二级域名为单位进行统计，这样才能发现各个目录的问题。例如，一个网站统计收录率以全站为单位，但收录率一直没有提高，一年后才发现，网站的某一个目录下的所有页面都没有被收录，这一年在这个目录下的所有努力都浪费了。

收录量目标可以指导网站运营。确定收录量目标后，可以倒推每天需要完成的页面数量。例如，预计 3 个月完成 10000 个的收录量目标，如果收录率为 90%，那么每个工作日生产的网页数量为 170 个左右。

2．确定关键词排名目标

确定关键词排名目标，并做好详细的记录。网站规模不同，排名目标的确定方式也不同。对于只有十几个关键词的小型网站，每天观察关键词排名数据即可。对于关键词数超过 100 个的网站，观察所有关键词排名变化的工作量太大，可以通过首页排名率查看。首页排名率即排在首页的关键词数占目标关键词总数的比值，比值越高，说明优化效果越好。关键词数达到几千、几万甚至几十万的网站，仅记录首页排名率无法客观反映 SEO 情况。因此大型网站在设立 SEO 目标时，需要对关键词分类统计，如核心关键词排名率、长尾关键词排名率等。

对于业务类型比较多的网站，可以按照网站业务分类统计，例如，一个会计培训网站，可以按照地区词排名率、长尾关键词排名率、初级会计排名率、中级会计排名率、注册会计师排名率等类别进行统计，并周期性对关键词排名及其比例数据进行记录，如表 6-1 和表 6-2 所示。

表 6-1 关键词排名记录表

关键词 \ 时间	9 月 1 日	9 月 7 日	9 月 14 日	9 月 21 日
北京会计培训	12	22	21	9
天津会计培训	6	12	4	12
上海会计培训	7	8	3	3
广州会计培训	11	4	14	5
深圳会计培训	13	3	4	4

表 6-2 关键词排名比例记录表

关键词 \ 时间	9 月 1 日	9 月 7 日	9 月 14 日	9 月 21 日
地区词排名率	12%	14%	13%	15%
长尾关键词排名率	23%	24%	31%	28%
初级会计排名率	12%	14%	13%	15%
中级会计排名率	23%	24%	31%	28%
注册会计师排名率	12%	14%	13%	15%

3. 确定转化目标

SEO 的目标应当与企业目标保持一致，并根据网站定位确定合理的转化目标。如果企业目标是成交额，SEO 目标就不能是流量；如果企业目标是线索数量，SEO 目标就不能是咨询数量。

6.1.3 SEO 策略

要想 SEO 项目获得目标结果，必须提前进行详细规划，特别在网站 SEO 策略方面。网站策略一旦形成，后期更改就会十分复杂，而且影响 SEO 效果。网站建设初期需要规划的策略包括网站技术选型策略、网站域名策略、移动适配策略、内容产生策略、关键词策略和时间规划策略等。

1. 网站技术选型策略

网站技术选型是指采用哪个程序搭建网站。中小型公司需要考虑是否选用开源的 CMS 系统，以及选用哪个 CMS 系统。系统确认后，后期更改成本相当高。某些开源的免费 CMS 系统在前期可以加快开发速度，在后期可能会阻碍 SEO 策略的开展。有些 CMS 系统不允许给不同页面写单独的标题和描述文件，有些 CMS 系统默认 302 转向且不易修改。常用的开源系统有织梦系统、Destoon、WordPress 和 Discuz 等。WordPress 首页如图 6-3 所示。

图 6-3

2. 网站域名策略

网站域名策略分为两种，一是建设一个大且全的综合网站，二是使用不同的域名建设站群。综合网站有利于品牌的提升，方便运营管理，对于后期融资或出售网站有较大优势。站群的优势是通过域名权重容易快速获得排名，见效快。二级域名与二级目录各有优势，二者的区别在于二级域名的权重比二级目录高，二级目录有助于促进主站成为大型网站。在实际工作中，需要根据自己的行业特点选择适合的策略。

3．移动适配策略

移动适配策略分为跳转适配、代码适配和自适应适配三种。跳转适配是指移动端与 PC 端的 URL 不同，服务器通过识别用户设备适配到不同的网页。代码适配是指移动端与 PC 端的 URL 相同，但代码不同，网站程序根据用户设备返回不同的代码。自适应适配是指移动端与 PC 端的 URL 和代码都相同，仅根据屏幕大小对样式做调整。

4．内容产生策略

内容产生策略是指网站生成内容的方式。常见的内容产生策略包括 UGC、原创、伪原创、采集等。UGC 是指用户产生内容，如 58 赶集、去哪儿网游记等，如图 6-4 所示为去哪儿网 UGC 页面。原创和伪原创是指编辑团队产生内容。采集是指通过采集互联网上已存在的内容，经改编处理后使用。

图 6-4

5．关键词策略

关键词策略是指合理选取目标关键词。初做网站时，如果未对关键词进行合理规划就开始做网站，容易出现两个结果，自己想做的关键词排名上不去，或排名上去的关键词没有流量。选择关键词时需要遵循两个原则：一是有搜索量，即确保关键词有用户搜索；二是定位转化关键词，有的关键词搜索量很大但无法转化，这些关键词产生不了任何收益。

6．时间规划策略

以月为单位确定 SEO 方案的实施节点，有助于协调各部门的工作与时间。因为 SEO 见效慢，一般不会被技术团队列入紧急性需求，即 SEO 需求的优先级不高，所以技术排期是企业 SEO 人员经常遇到的问题。为了避免因技术排期不合理造成项目延后，应提前进行整体项目规划，并提交给技术部门，让技术部门做好全年的技术资源分配，举例如下。

1 月：SEO 现状分析。包括 SEO 排名及转化分析、关键词分析及策略研究。

2 月：模板优化。包括 SEO 基础元素及代码优化。

3 月：内链系统构建。包括导航结构、页脚优化和相关推荐。

4 月：完成转化词库管理系统。为提升转化提供可持续的词库供应。

5 月：完成内链系统、自动化系统。为转化词提供灵活的内链支持。

6 月：技术层模板优化。包括频道调整和代码调整。

7 月：完成 SEO 数据管理系统。为漏斗模型、归因模型提供数据支持。

8 月：完成可持续内容生成策略。为网站可持续内容更新提供支持。

9 月：完成整个网站结构优化。包括框架级、代码级结构调整。

10 月：完成友链建设系统。搭建页面级友链管理系统，为获取权重提供支持。

11 月：完成聚合页生成系统。为迅速生成着陆页提供支持。

12 月：项目年度总结，明年项目规划。

6.1.4 绩效考核

搜索引擎算法不断更新，这给 SEO 人员的绩效考核带来了一些困难，但并不意味着 SEO 工作效果无法量化考核。只要方法正确，建设符合搜索引擎和用户喜好的网站，必定会得到相应的回报。绩效考核需要使用数字的方式进行量化，并且具有可操作性。量化目标既不能太高，也不能太低，太低无法激起团队的积极性，太高到无法完成的目标则没有意义。

1. 团队绩效

团队绩效需具体且可量化。例如，搜索引擎流量在 3 个月内增加 30%，百度收录量增长 10 万，SEO 订单数在 3 个月内增加 20%等。注意，量化目标必须追踪到最后一个指标，即成交。SEO 团队不仅要有明确的流量目标，而且要明确获取什么流量才能有效促进成交。SEO 团队日常工作如下。

- 工作日报、周报、月报。
- 周计划、周总结、月计划、月总结报告。
- 数据统计与分析日报表、周报表、月报表。
- 各职责记录报表、各优化执行日志报告。
- 投入产出报表。

2. 个人绩效

SEO 团队一般包含编辑人员、外链人员等。

编辑人员绩效可以从发文数和文章收录数入手，例如：

- 每天发布原创文章 2 篇；

- 每天发布伪原创文章 10 篇；
- 每周创建 1 个热门搜索词的专题页 1 个；
- 每周收录率不得低于 80%；
- 每周资讯带来的咨询数不少于 10 个。

外链人员绩效可以关注外链友链数、外链相关性、外链页面导出数、外链页面权重等方面。绩效考核时，每个工作具体事项通过权重分值的方式计算，例如：

- 每天发布 10 条外链；
- 外链页面权重高于 2 加 1 分；
- 外链页面导出数低于 10 个加 1 分。

6.1.5　SEO 系统

工欲善其事，必先利其器。为了提升 SEO 效率，实现 SEO 系统化、科学化，保证企业实现 SEO 业绩长期稳定增长，企业需建立完善的 SEO 系统。

1．建立精准词库管理系统

建立基于转化效果的词库管理系统，为公司旗下所有网站的关键词布局、内链分布、权重导向、文章更新等策略提供支持。

2．协助搭建 SEO 数据管理系统

搭建完善的 SEO 数据管理系统，做到收录、点击、咨询、成交可溯源，为建立漏斗模型及归因逻辑提供数据支持。

3．链接管理系统

基于词库管理系统建立一套链接管理系统，为核心品牌词、转化词、新增品牌词提供可快速变更的权重导向支持。

4．日志分析系统

建立高效且可持续的蜘蛛爬取日志分析系统，为提升爬取效率及处理突发事件提供支持。

6.2　增长黑客与 SEO

增长黑客是通过创造性的方法和科学的数据分析工具，低成本在短时间内吸引大量用户的增长方法。增长黑客研究如何依赖技术新渠道、大数据与数据分析来实现快速测试产品开发及营销的新思路，并利用用户行为数据验证或寻求演进的方法。SEO 是增长黑客常用的方法之一。

1．案例

有些个人站长在遇到法律问题时不知所措，当被他人以侵权问题恐吓时，为了息事宁人，可能选择花钱私了。某律师网站抓住了站长的这个需求，允许站长在网站页面下方放一个该律师网站的链接，并声明这是本站法律顾问。此律师网站链接会对恐吓者起到一定的震慑作用。同时，此律师网站通过这种方式获得了大量的外链，SEO 排名迅速上升。

小例子

Hotmail

Hotmail 是通过网页方式为用户提供免费电子邮件服务的产品。Hotmail 在创建之初，没有太多渠道可供推广。如果通过付费广告的方式推广一个免费产品，既铺张浪费，又不符合产品策略，因此 Hotmail 选择通过给互联网用户发送一封电子邮件的方式进行自我推广（当时垃圾邮件的概念还不明确），并在电子邮件末尾添加了一行广告语“你可以到 Hotmail 注册免费电子邮件”。通过这种方法，Hotmail 的用户数实现了几何级数的增长。

2．数据

目前流量运营越来越精细化的时期已经到来，利用数据驱动增长，成为 SEO 人员的关键能力之一。SEO 营销核心已经从广告、搜索、社交媒体转向用户体验、数据分析。越来越多的企业认识到数据背后的巨大价值，并开始掌握数据驱动增长的方法，数据驱动增长已经开始指导企业各业务部门的运营工作。

小例子

Twitter

Twitter 刚起步时，发现一个有趣的数据，如果新用户注册后，能够快速关注 7 个人，那么这个新用户留下来的概率很大；如果他关注的 7 个人平均粉丝数很高，那么他的活跃度会高。于是 Twitter 设计了一个新用户注册流程，注册后会给他推荐一些粉丝数比较多的名人和有趣的内容创作者，以提高新用户的留存概率和活跃度，事实证明效果非常好。Twitter 推荐示例如图 6-5 所示。

图 6-5

3．核心指标

确定核心指标是增长黑客的重要任务之一。在数据分析的过程中，会遇到数十种指标，如 PV、UV、注册、留存、转化、订单等。需要从中找到最核心的指标，核心指标就像北极星一样指引增长团队向终极目标前进，使他们不会因短期利益而迷失方向。核心指标应是能精准描述企业为用户提供的核心价值指标。

以微信为例，作者认为微信的核心指标并不是日活数。如果用户每天都使用微信，但每天只发送一条消息，说明微信不是用户与好友联系的主要工具。因此日活数不能代表微信的核心价值。微信的核心指标应是用户发送信息的总数。注意，核心指标不是一成不变的，它会随着企业的发展而产生变化。例如，早期淘宝关注在线商品总数，现在淘宝关注交易额。

确定核心指标后，可以围绕核心指标不断进行测试，小步快跑，快速迭代，即短周期迭代法。短周期迭代法来源于互联网产品开发，理念是“上线—反馈—修改—上线”反复更新内容。

小例子

小米 MIUI

小米在 2010 年成立后，推出了一个基于安卓深度定制的智能手机操作系统 MIUI，界面如图 6-6 所示。因为 MIUI 很符合中国用户的使用习惯，所以推出后在发烧友群体中引起了较大的反响。因此小米在推出嵌入 MIUI 系统的手机产品时，应用了一个非常重要的策略，即操作系统每周更新。每周五，小米通过互联网推送更新。然后狂热的发烧友们率先使用，并积极地和小米互动，提出很多修改意见。小米收到意见后，快速修改，第二个周五再推送一个新版本，如此往复，几乎从不间断。小米早期的成功，快速迭代策略发挥了较大作用。

图 6-6

4．转化率

转化率是增长黑客关注的核心指标之一。转化率是完成转化目标的用户数占总用户数的比例。注册、下单、登录、对话、复购都可以用转化率进行量化，转化率是互联网平台的增长基石。高增长的平台即高转化率的平台。

提升转化率的关键在于拆分转化流程。转化流程拆分得越细，可提升的参数越多。例如，从流量到订单量的转化，如果只统计流量和订单量 2 个指标，提升订单量的方法只有提升流量；如果将其拆分成流量、咨询量、订单量 3 个指标，就会关注到咨询量，可以从引导咨询文案、客服话术等方面提升；如果将其拆分成投放量、流量、咨询量、订单量 4 个指标，可以提升的参数更多。

6.3 HubSpot 案例

HubSpot 从成立至今主要推出了 3 个 SaaS 产品，分别是 Marketing Hub、Sales Hub 和 Service Hub，这 3 个产品每年贡献给 HubSpot 数亿美元营收，使 HubSpot 成为 SaaS 领域中的明星企业。HubSpot 首页如图 6-7 所示。

图 6-7

HubSpot 每年在营销成本上，相比其他的 SaaS 企业要低得多，尤其是流量成本。HubSpot 的流量大都来自搜索引擎，这使 HubSpot 的流量成本变得极低。HubSpot 使用的下面两个策略可供国内 SaaS 企业参考。

1．SEO 流量策略

HubSpot 一共上线了十几个网站，这十几个网站形成了一个庞大的流量矩阵，所有的网站都只有一个最终目的，即 HubSpot 的 SaaS 产品销售。其中，有 4 个网站贡献了 HubSpot 绝大多数的流量，分别是 HubSpot.com、WebsiteGrader.com、Inbound.org 和 ThinkGrowth.org，下面通过 HubSpot.com 网站介绍 HubSpot 的 SEO 流量策略。

HubSpot.com 是 HubSpot 的主站，通过图 6-8 可以看出，搜索流量是所有流量来源中最重要的一部分，对于一家上市公司而言，这个流量比例是非常高的，究其原因是 HubSpot 在 SEO 上花费了相当大的精力。

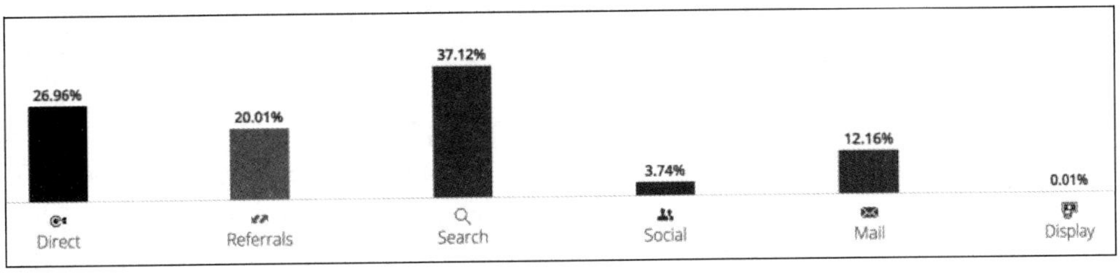

图 6-8

HubSpot 的 SEO 工作做得非常充分，从它的谷歌首页关键词数量可以看出，HubSpot 有接近 6000 个关键词在谷歌首页，有超过 10000 个关键词在 Bing 和 Yahoo 首页，如图 6-9 所示。目前大部分流量型网站都做不到这个成绩。HubSpot 通过多年努力，实现了这个目标，通过此极致策略，使 HubSpot 每天能从谷歌源源不断地免费获取大量的流量。

图 6-9

HubSpot 能做到如此多的关键词呈现在谷歌首页，除了严格遵守常见的 SEO 规则，关键词策略和用户策略是 HubSpot 的 SEO 获得成功的两个关键因素。

HubSpot 的关键词策略主要基于它的产品受众来决定。HubSpot 主要面向中小企业销售 SaaS 产品，为了获得这些中小企业相关员工或负责人的充分关注，HubSpot 围绕 SaaS 产品及中小企业的营销、市场、销售等岗位特征，挖掘了大量的关键词，有些看起来似乎不可思议，如“How To Use Excel”，这个词不仅流量大，而且搜索这个词的大部分用户都是职场人士，且以中小企业居多，每个月 HubSpot 可以从这个词获取 2 万多的流量，如图 6-10 所示。

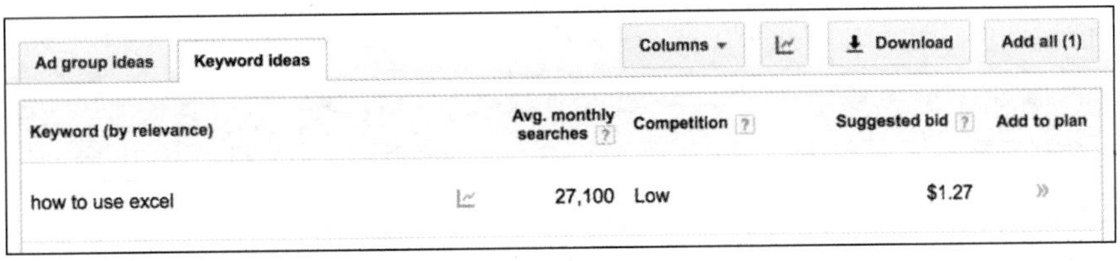

图 6-10

除这种职场泛关键词外，HubSpot 还围绕营销人员或销售人员会关心的话题来进行关键词的挖掘。例如，其中一篇文章“The 5 Whys Of Feature Bloat”，在谷歌获得了位置靠前的排名。这类词搜索量大，有很多竞争网站，HubSpot 能获得如此靠前的排名，从 SEO 角度分析原因如下。

- HubSpot 从 2005 年成立并上线运营，其网站权重已经非常高。由此可知，一旦确定方向，就需要长期工作，因为 SEO 工作在短时间内很难有明显的效果，要做好长期工作的准备。其实，HubSpot 在早期的排名并不理想。
- HubSpot 非常认真地对用户关心的问题进行了研究，输出的内容质量非常高，这与一般的原创文章或伪原创文章有较大差异。HubSpot 主打精品内容策略，希望每篇文章都能给用户带来价值，因此 HubSpot 整个网站的跳出率较低。
- HubSpot 对每篇文章的后续转化进行了精心的设计，让用户看完该篇文章后，并不着急离开，而是继续访问，这就使 HubSpot 的跳出率更低，停留时间更长。谷歌搜索引擎排名算法中对这两个指标非常重视，认为跳出率低和停留时间长是网页质量受用户欢迎的重要标准，会进一步保持关键词排名的稳定性。

通过以用户为中心的关键词挖掘策略，HubSpot 覆盖了目标群体几乎关心的绝大部分关键词，并且通过打造精品文章去参与谷歌等搜索引擎的排名，获得了大量潜在用户的关注。

2. 流量转化策略

对 HubSpot 来说，获得流量只是第一步，想办法高效转化这些流量非常关键。

HubSpot 针对这些关键词设计了几百个转化方案，每类关键词的转化内容都不一样，但基本逻辑相似，都是通过免费策略来吸引潜在用户不断点击下一步，留下用户信息。通过这种方式用户与 HubSpot 开始建立真正意义上的联系，便于 HubSpot 后续不断为潜在用户推送产品和内容，最终在某个时刻转化为正式的订单。类似这样的转化漏斗 HubSpot 有几百个，目的是使用户的流程体验更友好，通过与文章内容的紧密衔接，最大化提升流量的转化率。

HubSpot 作为一家已上市的 SaaS 企业，经过多年的 SEO 运营，其流量带来的收益在总收益中占据了较大的比例。SEO 成为这家 SaaS 上市企业不可或缺的重要增长力量。

6.4 去哪儿网案例

本案例是作者为去哪儿网做的第一个项目。彼时去哪儿网的攻略项目刚刚起步，没有做过任何 SEO 工作。PC 端和移动端的搜索引擎流量加起来仅有 1000UV 左右，对于去哪儿网而言，这点儿流量可以忽略不计。通过对攻略项目仔细分析，作者制订并执行了一个长达一年的 SEO 流量提升计划，在之后的一年半时间里，SEO 流量提升到了 10 万 UV。

攻略产品线主要为用户提供一些实用的旅游信息，主要包括城市的基本状况、旅游景点、交通信息、当地美食和购物攻略；对于 SEO 而言，最多的内容是用户主动分享旅游经验的游记。去哪儿网主要靠预订机票和酒店起家，攻略项目发展较晚。因此与同行相比，SEO 面临的问题是内容匮乏，UGC 较少且质量参差不齐。可以达到“优”的游记数量，每天只有 10 篇左右，与竞争对手的每天数百甚至上千篇游记相比，差距悬殊。除了内容匮乏，攻略项目没有做过任何 SEO 工作，这既是缺点，又是成就流量爆炸式提升的原因之一。

6.4.1 SEO 增长目标

在 SEO 实施前需要制定 SEO 目标，SEO 目标可以从百度收录量和搜索引擎流量两方面制定。参考过竞争对手的数据后，本项目制定了百度收录量从 4000 上升到 50 万的目标，搜索引擎流量目标为 6 个月内从 1000 UV 增长到 5 万 UV。

6.4.2 SEO 策略

1. 内容策略

内容为王是 SEO 的一条铁律。攻略产品线新成立不久，只有几百个经过人工编辑的目的地，共几千个页面。当时通过以下方法迅速补充了内容短板。

（1）大量拓展目的地页面

在百度百科和竞争对手页面抓取不涉及版权问题的公共信息，包括城市概述、历史文化、旅游季节、公共设施、交通信息等。结合去哪儿网平台现有数据，经过半人工半自动化的数据处理，生成十几万个目的地、景点和景区页面。

（2）增加 UGC 奖励机制

游记大多为原创，图像质量较高，深得搜索引擎喜爱。为了提升 UGC 数量，制定了一系列积分奖励措施，游记质量越高，积分越多。网友可以在积分商城换取实物奖励，奖品如图 6-11 所示。

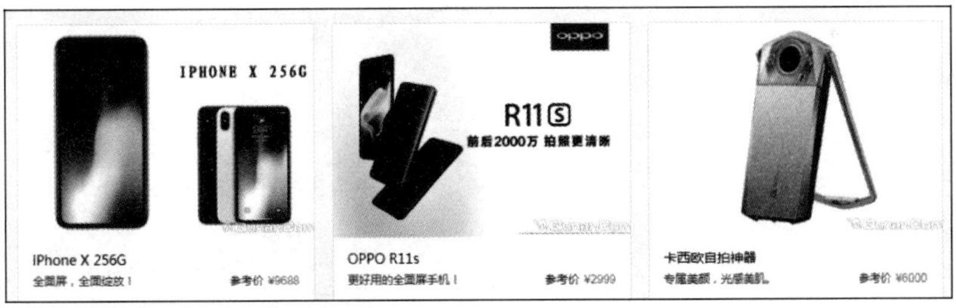

图 6-11

（3）抓取竞争对手游记

抓取竞争对手的优质游记经汇编后上传至去哪儿网。为了避免版权问题，每篇游记都得到了原作者授权。但最后结果证明，此方法费时费力，随着百度对采集内容的打击，其效果越来越差。

2. 权重策略

（1）内链

① 链轮结构

链轮结构有助于内部权重最大化。通过次级导航实现了二级页面的链轮结构，如图 6-12 所示。

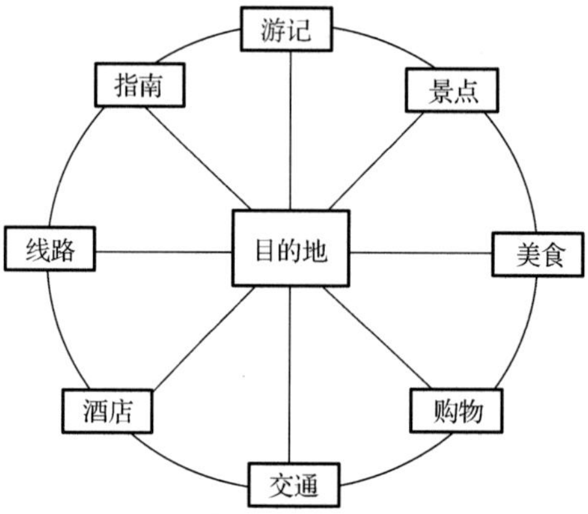

图 6-12

② 树状结构

建立流畅的权重传递通道，将权重聚集在核心关键词页面上。通过面包屑导航和页脚链接实现树状结构，如图 6-13 所示。

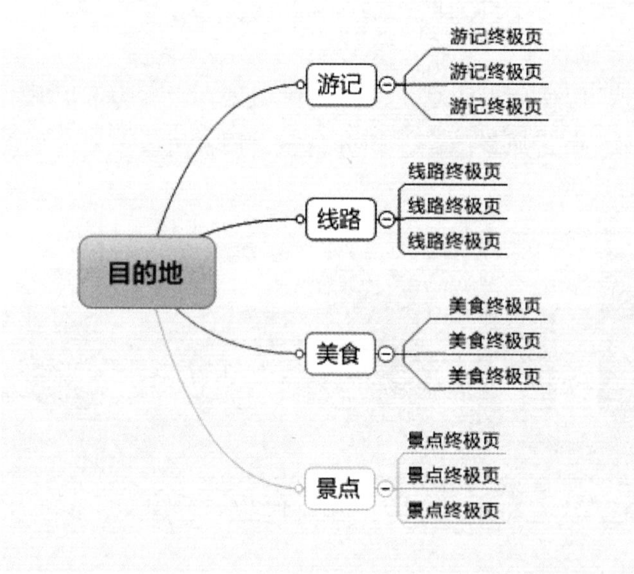

图 6-13

③ 网状结构

增加网页权重值与定向锚文本数量。在游记正文中添加自动锚文本程序，自动匹配目标关键词指向着陆页。

④ 纵向链接

满足搜索引擎“内容相关”算法，增强权重传递效果。本案例的纵向链接是指在不同目的地下相同二级页面之间的链接。由于内容具有相似性，所以对排名具有积极的促进作用。

（2）外链

外链从同业友链和链接诱饵两方面入手。通过内页批量交换同业友链，提升内页定向锚文本数量；链接诱饵是指利用去哪儿网的权威性建立地区性旅行社排行榜，进入榜单的旅行社网站需要添加去哪儿网指定链接。

6.4.3　执行策略

1．关键词布局

由于去哪儿网的主站权重较高，可利用的资源丰富，所以舍弃了 SEO 理论中常用的先长尾后核心的策略，直接攻取核心关键词，获取头部流量。经过百度凤巢系统关键词搜索量分析，对核心关键词进行布局，以北京为例，如图 6-14 所示。

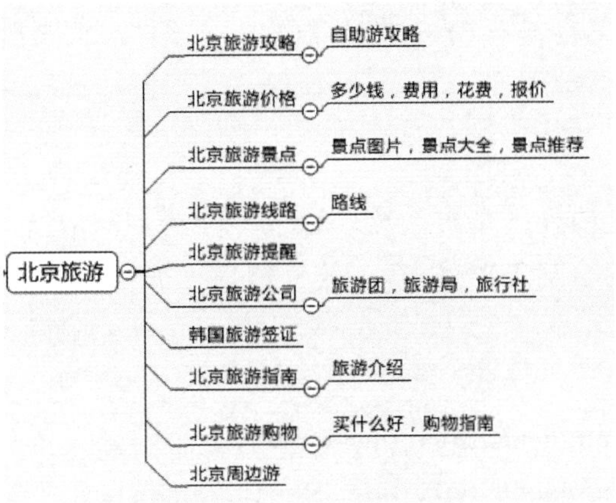

图 6-14

（1）拓展核心关键词

攻略核心关键词是指用户搜索意图明显，与产品匹配度高且流量相对高的搜索词。核心关键词布局在权重最高的各目的地首页，如http://travel.qunar.com/p-cs299914-beijing。

核心关键词的数量决定了流量的宽度。通过上述拓展着陆页的方式，核心关键词数量由几千个拓展到了十几万个。攻略的核心关键词及目标如下。

- 目的地名称，如泰国、北京、冲绳。词语较短竞争激烈，短期内难以实现排名。
- 目的地旅游，如泰国旅游、北京旅游、冲绳旅游。搜索意图明显竞争激烈，作为中长期可实现目标。
- 目的地旅游攻略，如泰国旅游攻略、北京旅游攻略、冲绳旅游攻略。与产品完美匹配，竞争难度中等，作为首要完成目标。

（2）精细化运营核心长尾关键词

核心长尾关键词是核心关键词的延伸和补充，用户搜索时明确了自己的意图，与攻略产品可以实现完美匹配。核心长尾关键词有规律可循，且能通过一个目的地拓展到其他目的地。核心长尾关键词布局在目的地子页面。尽量为每个子页面做终极页，以进行精细化运营。

目的地旅游景点：http://travel.qunar.com/p-cs299914-beijing-jingdian

目的地旅游线路：http://travel.qunar.com/p-cs299914-beijing-xianlu

目的地旅游注意事项：http://travel.qunar.com/p-cs299914-beijing-zhinan

目的地购物：http://travel.qunar.com/p-cs299914-beijing-gouwu

目的地玩乐：http://travel.qunar.com/p-cs299914-beijing-wanle

目的地周边游：http://travel.qunar.com/p-cs299914-beijing-zhoubian

（3）普通长尾关键词

普通长尾关键词是指日均搜索量低但数量庞大的关键词。攻略为 UGC 内容，普通长尾关键词由用户创造不易控制，但可以通过分析百度来源词收集和归纳长尾关键词。收集的长尾关键词用于为用户创造游记时提供指导，使其他用户更容易看到他的游记。普通长尾关键词如成都美食排行榜、北京特色餐厅、北京求婚胜地、黑门市场早饭、海南本地人爱吃的三亚美食等。

2. URL 标准化

为了方便访问，优化前同一个页面可以通过不同的 URL 进行访问，容易出现 URL 使用不规范的情况。借此机会对 URL 进行了统一梳理，尽量做到简单规范。

（1）减少层级

修改前：

http://travel.qunar.com/place/city/beijing-299914

http://travel.qunar.com/place/city/beijing-299914/zhinan

http://travel.qunar.com/place/city/beijing-299914/gouwu-2-1

修改后：

http://travel.qunar.com/p-cs299914-beijing

http://travel.qunar.com/p-cs299914-beijing-zhinan

http://travel.qunar.com/p-cs299914-beijing-gouwu

（2）统一入口

在技术规范中增加：同一个页面只能使用一个入口 URL。

（3）添加 canonical 标签

给所有页面添加 canonical 标签，预防外链添加统计参数造成重复页面，例如：

<link rel="canonical" href=" ">

（4）添加 301 跳转

历史 URL 地址存在一页多址等问题，统一使用 301 跳转到标签 URL。

3. 权重管理

（1）权重分发

- 攻略首页：通过攻略首页左侧的分类导航，对首页的权重进行分发处理，如图 6-15 所示。

● 目的地页面：通过次级导航，对目的地页面权重进行分发处理，如图 6-16 所示。

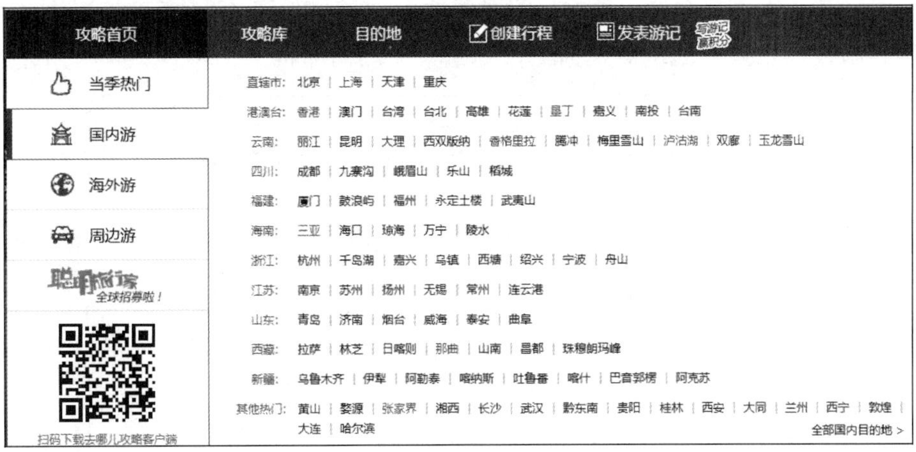

图 6-15

图 6-16

（2）权重收集

通过面包屑导航，对子页面权重进行收集。具体方法是面包屑导航由原来的三级修改为多级，增加目的地首页及子页面入口，如图 6-17 所示。

修改前：

旅行>目的地>游记正文/子页面名称/评论详情

修改后：

旅行>目的地>国家>城市>游记正文/子页面名称/评论详情

图 6-17

（3）权重流通

通过页脚各个内链，实现权重在各目的地之间流通，如图 6-18 所示。总体思路是热门目的地得到高权重。内链出现规则为热门稳定，非热门随机。

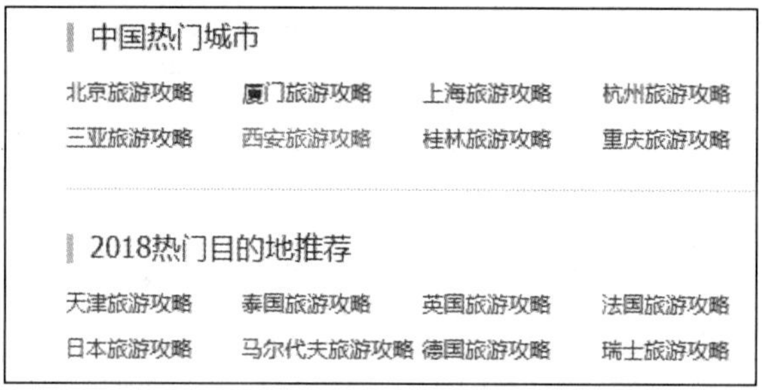

图 6-18

（4）权重节省

① 头部文件

头部文件中存在大量无须权重的页面链接，如用户登录、注册、查看订单、联系客服、站内消息等，全部使用 nofollow 标签禁止权重导入。

② 尾部文件

尾部文件中的版权信息、公司简介、投资者关系、业务合作、加入我们、去哪儿公益等无须权重，全部使用 nofollow 标签禁止权重导入。

③ 用户空间

用户注册账号后，系统会分配一个用户空间。大部分用户空间无实质内容，页面质量不佳。所有指向用户空间的链接全部禁止权重导入。

④ 筛选列表页

为了满足用户快速寻找相关游记的需求，设置了筛选列表页，如图 6-19 所示。但对 SEO 而言，造成了大量重复页面，影响了蜘蛛的抓取效率，且权重分散。此类页面所有入口全部禁止权重导入。

图 6-19

4．四处一词

所有页面严格执行四处一词策略，以目的地北京页面为例。

地址为http://travel.qunar.com/p-cs299914-beijing。

（1）标题

2018【北京旅游攻略】北京自助游_周边游攻略，北京旅游吃喝玩乐指南 — 去哪儿攻略社区

（2）描述

去哪儿网攻略社区为自由行、自助游用户提供北京最全面的目的地指南，包括北京旅游攻略、旅游景点大全、住宿信息、特色美食、交通查询、购物推荐、娱乐活动，应有尽有，还有真实用户发表的实用旅游攻略、最新游记照片。

（3）h1 标签

h1 标签用在了面包屑导航的最后一级，完整包含目标关键词，如图 6-20 所示。

图 6-20

（4）内链与外链

① 内链（见图 6-21）

- 攻略产品线其他各目的地页面，游记终极页正文内链。
- 度假对应目的地旅游页面。
- 门票对应城市页面。
- 酒店对应城市页面。

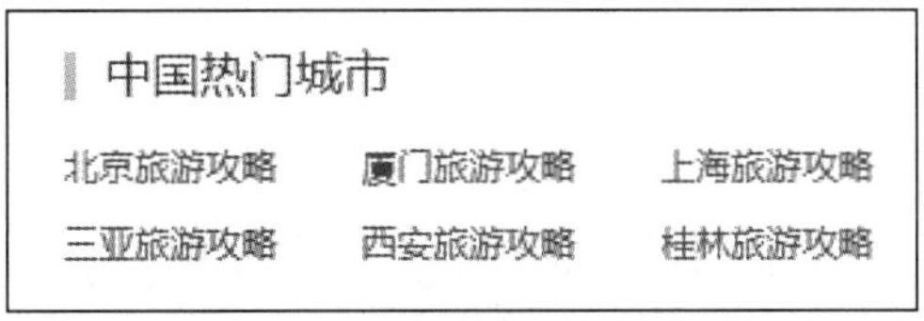

图 6-21

② 外链

同业相关链接，如图 6-22 所示。

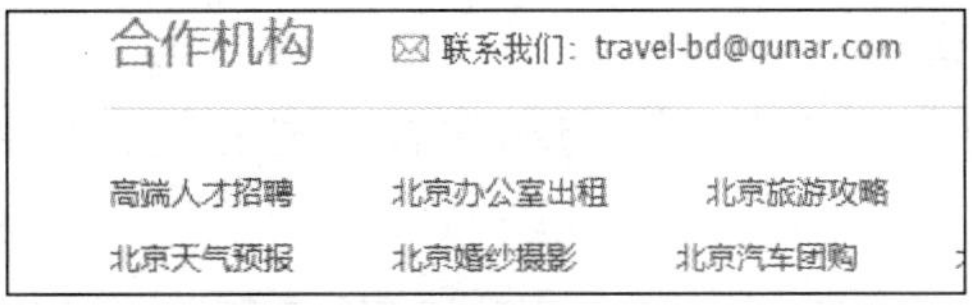

图 6-22

5. 页面更新

（1）目的地页首面

各目的地首页主要内容为优质游记的简介，由于优质游记数量不多，更新缓慢，所以采取优质游记交替出现的方法。

（2）游记页面

将评论内容放到 HTML 中，供蜘蛛抓取，保证页面更新。

6．HTML 代码优化

- 精简 HTML 代码，删除由于历史原因造成的无用代码。与技术人员沟通，找出 50 余行废弃代码。
- JavaScript 代打包外置，减少请求次数。合并 JavaScript 的目的是向服务器减少 HTTP 请求次数。
- 规范使用 h1～h6 标签，制定 h 标签的使用规范，供前端设计页面时参考。
- 添加 alt 标签，为大部分图像添加 alt 标签。有用户标注的图像直接使用用户标注名称；无标注的图像使用目的地或景点名称。

7．移动适配

移动适配有以下 3 种方法。

（1）跳转适配

移动端浏览器访问 PC 端网页时，301 跳转到对应移动端页面。

（2）规则适配

在百度站长平台提交适配规则。

（3）meta 声明

在元标签中添加如下声明：

```
<meta name="mobile-agent" content="format=HTML5; URL=">
```

8．链接提交

（1）历史数据

历史数据较为庞大，采用网站地图的方式提交，每周更新一次。

（2）新增数据

每日新增数据，如新发游记，通过百度站长平台的自动推送功能提交。

9．外链策略

（1）目的地首页友链交换

在目的地首页底部增加外链入口，与相关行业进行友链交换。以上海页面为例，如图 6-23 所示。

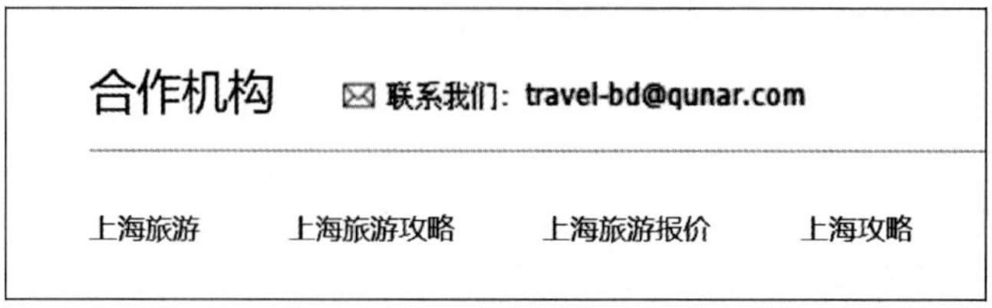

图 6-23

（2）排行榜项目

建立旅行社排行榜项目，在每个目的地选出优质的旅行社，入榜条件之一是在其网站上添加去哪儿网指定页面链接，如图 6-24 所示。

图 6-24

10．蜘蛛引导

通过日志分析，蜘蛛的无效抓取量占总抓取量的 75%，既浪费抓取配额，又浪费服务器资源。通过以下几种方式可以对蜘蛛抓取进行引导。

（1）高频随机链接

有些页面每天被抓取成千上万次，如首页和其他核心页面，但底层的十几万数据抓取量少得可怜。在抓取量高的核心页面底部增加底层数据入口，规则为页面每次刷新随机出现指定数目的链接，引导蜘蛛抓取底层数据。

去哪儿网页面底部链接如图 6-25 所示。

市场总监招聘热门地区推荐

上海市场总监招聘　北京市场总监招聘　天津市场总监招聘　广州市场总监招聘

南京市场总监招聘　济南市场总监招聘　深圳市场总监招聘

图 6-25

（2）robots 屏蔽

对于完全无效数据，使用 robots.txt 文件进行屏蔽，如游记筛选列表页。

地址为http://travel.qunar.com/robots.txt。

（3）nofollow 标签

对于不重要的数据，使用 nofollow 标签减少入口。在 a 标签内添加 nofollow 标签避免搜索引擎抓取，如

```
<a href="http://www.qunar.com /contactus_.shtml" rel="nofollow" >联系我们</a>
```

6.4.4 数据分析

1．收录

经过优化后页面上线 3 个月左右，收录量趋于稳定。但是各个产品线的收录率相差较大，需要分析各类页面的数据量与收录量数据，找出收录短板，针对收录率不佳的页面进行特殊处理。

表 6-3 为五大页面类型的收录率，其中游记收录率最低。解决方案有以下两个：

- 加强内容运营，提升优质游记数量；
- 设定游记评级，对质量不合格的游记禁止推送给搜索引擎并取消其页面入口。

表 6-3 页面类型与收录率

页面类型	收录率
目的地页面	95%
游记	40%
景点	62%
线路	67%
美食	74%

2．日志分析

通过日志分析，发现了以下问题并解决。

- 无效抓取率为 75%，通过蜘蛛引导改善抓取效率。
- 假蜘蛛抓取量巨大，通过黑名单限制假蜘蛛。

3．排名监控

建立关键词排名监控程序，每周自动运行一次，生成排名变化趋势报表，监控每次进行 SEO 动作后几周内的排名变化。

6.4.5 遇到的问题

1．项目优先级问题

大型企业技术排期一般按照优先级指向，如果优先级比较低，可能会被无限期延后。项目优先级是按照项目可以带来的效果进行评估的，这就要求 SEO 人员对项目效果进行预估，如新增多少 UV、多少转化率等。

2．跨部门沟通问题

去哪儿网各事业部相对独立，每个事业部有自己的 KPI，这就需要解决跨部门协作问题，如内链合作、内容接口调用等。与兄弟部门沟通时，不仅要从大局考虑整体利益，还要考虑事业部的具体利益，有时可以采用利益互换的方式解决。

3．产品意见不一致

在页面内容方面，SEO 人员的意见有时会与产品经理的意见不一致。在双方沟通前，要充分准备能说服对方的证据，包含 SEO 原理知识、效果预估数据、竞争对手策略等，还要准备替代方案。

当时在设计目的地子页面面包屑导航下拉菜单时，产品经理认为“XX 城市旅游攻略”的链接必须指向一个筛选列表页，从产品对于站内用户角度而言，筛选列表页的用户体验更好，但与 SEO 人员设定的着陆页不同。最后讨论的结果是使用 nofollow 标签屏蔽了这个链接，如图 6-26 所示。

图 6-26

4．内容匮乏

虽然在 SEO 方面采取了一系列措施迅速增加了内容的数量，但与竞争对手相比游记内容数量与质量都有所欠缺。因此与产品经理一起做好内容运营也是 SEO 人员的重要工作之一。

6.4.6　结果反馈

1．百度收录量

从优化前的数千上升到 390 万左右，如图 6-27 所示。

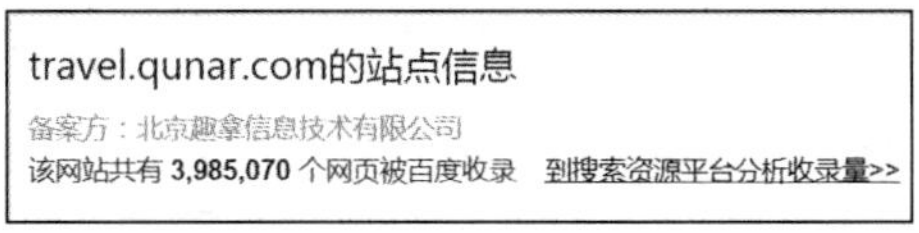

图 6-27

2．SEO 流量数据

项目进展比预估缓慢。一年半后，SEO 流量从每日 1000UV 上升到 10 万 UV。

其实，SEO 只能锦上添花，不能雪中送炭。只有产品充分得到用户认可，SEO 才能发挥作用。随着去哪儿攻略的优质原创游记数量的增多，SEO 流量会得到明显提升。

6.5 智联招聘案例

智联招聘案例[①]的 SEO 方法适合多种类型的网站，带来的流量增长也较为明显。

6.5.1 聚合页增长

本案例是一个利用聚合页生成超过十万个页面，并上线参与搜索引擎排名的 SEO 项目。

1. 聚合页定义

聚合页是指利用网站现有内容资源进行整合，将具有共同主题的内容聚合在一起生成的页面。例如，赵彦刚博客网站作为一个 SEO 网站，会发布几篇关于“网站收录”的文章，而将这几篇文章汇总到一起就单独生成了一个聚合“网站收录”主题的页面，即 tag 标签聚合页，这是一个典型的聚合页，如图 6-28 所示。在发布文章的过程中，选择这篇文章的标签，将其归档为“网站收录”，就形成了这个页面。

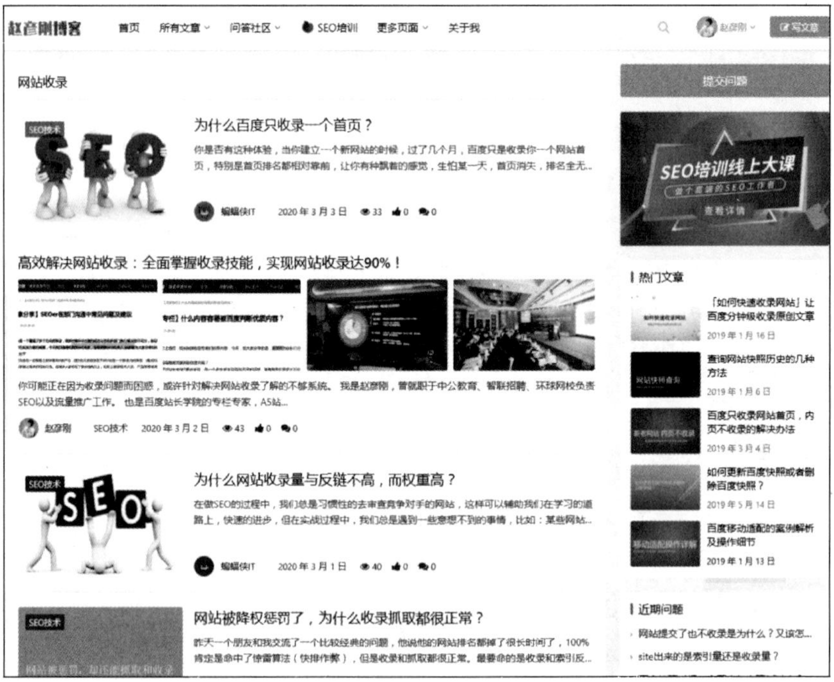

图 6-28

① 本案例由赵彦刚提供。赵彦刚，时泽学院创始人。2010 年开始从事 SEO 相关工作，2011 年开始写 SEO 博客，2012 年以后搭建多个个人流量网站，踏上个人站长之路。2015 年 5 月，入职智联招聘，负责全站免费流量提升工作。2017 年 5 月，入职环球网校，负责环球网校网站、App 的流量获取及部分运营工作。

2. 聚合页类型

下面介绍常见的聚合页类型。

（1）以 tag 标签归类的聚合页

无论网站是何种类型，都会在详情页发布的过程中使用标签元素，而创建有搜索价值的标签，是创建 tag 标签聚合页常规的方式之一。创建时需注意以下几点。

● 创建有搜索价值的 tag 标签

在写一篇新文章时，可以自定义 tag 标签，但创建 tag 标签与内容布局应提前规划好。从关键词分析生成词库到布局网站，每篇文章都会有自己的分类页面。在分类无法满足更加细分的需求时，可以使用 tag 标签。因为 tag 标签本身是针对搜索需求的，所以也属于关键词。

例如，赵彦刚博客网站中的所有文章都属于 SEO 分类，但类别级别较高。为了满足用户寻找 SEO 某些小知识点的需求，可以创建 tag 标签作为小分类。如果用户想了解如何提升百度收录量，可在博客网站中创建一个 tag 标签，名为“百度收录”，当用户访问这个 tag 标签聚合页时，可以看到与“百度收录”相关的所有文章。

● tag 标签聚合页的内容数量

在创建 tag 标签的过程中，如果网站 SEO 规划的工作已经完成，那么需要考虑这个 tag 标签聚合页有没有内容支撑。如果没有，就不建议创建 tag 标签，因为内容为空或很少的网页，搜索引擎会认为网页内容质量不佳。因此，对于 tag 标签聚合页而言，前提是有足够的内容支撑，建议不低于 5 篇文章。

● tag 标签聚合页的优化

tag 标签聚合页的样式一般与网站文章列表页相似，但需要对其进行基础优化处理，包括 TDK、面包屑导航、代码结构及 URL 优化等。在网站中，参与排名的所有页面都应该进行基础优化及未来的数据监控、问题排查工作；而不参与排名的页面如联系我们、帮助中心等，则不需要优化。

（2）以专题生成的聚合页

以专题生成的聚合页是指通过一个复合型主题扩展且联动的信息聚合页面。例如，一个从事招商加盟行业的网站中涉及品牌较多，如本宫的茶、阿甘锅盔、肯德基、呷哺呷哺等，用户主要关注每个品牌的加盟费用、加盟条件、加盟流程及品牌介绍等。此时可以对每个品牌单独进行文章发布与设置，对搜索“某品牌加盟”或“某品牌加盟信息”的用户而言，可以使用专题聚合页。将某品牌的内容整合到一个页面中，此页面的所有内容都围绕该品牌，覆盖的关键词是加盟和加盟信息，而搜索这些词的用户，可以看到该品牌加盟的所有需求。

（3）以站内搜索批量生成的聚合页

站内搜索是网站自有的搜索功能。大多数企业网站都有一个搜索框，通过搜索关键词，生成一个搜索结果页。搜索词即关键词，而搜索结果是用户需要的内容。站内搜索生成的聚合页是通过指定关键词提交搜索，程序自动生成的。如果网站上的关键词有 1 万个，利用程序提交 1 万次搜索，会得到 1 万个搜索结果页，将这些关键词与搜索结果内容放到一个模板中生成新的页面，就在短期内增加了 1 万个页面。本案例就是通过站内搜索批量生成聚合页来操作的。

6.5.2 案例背景

在智联招聘网站发布内容的用户是企业 HR，每天他们要发布几十万条职位招聘信息，针对这些内容 SEO 团队一直在做优化工作，每天都研究关键词，思考如何快速增加页面，完成流量增长的任务。SEO 团队整理了关键词库中没有规律可循又无法布局到网站的词，共计 300 多万个。针对这些关键词，采用站内搜索批量生成聚合页的方式生成了大量页面。例如，在智联招聘网站的标签分类中有 SEO 招聘，但是没有 SEO 经理、SEO 总监；由于企业 HR 自主发布职位招聘信息，没有匹配职位头像的标签，通过站内搜索批量生成聚合页的方式可以解决这些关键词及优化问题。

6.5.3 关键词处理

1. 高价值关键词筛选

本案例第一个阶段的主要工作是整理从关键词库中提取的 300 多万个杂乱词，分析当时智联招聘网站中的关键词类别，同时根据热门职位信息进行匹配；然后以这些职位的名称为词根，筛选出符合指定条件的 40 万个关键词又对这 40 万个关键词进行了分类，这些关键词不仅有行业关联性，还有隶属关系。本案例将其按照行业大类（互联网）/ 行业小类（网络营销） / 类别（SEO 角度）进行了一次全方位整理。

2. 关键词布局

在将这 40 万个关键词生成页面前，要先进行布局。

虽然这些关键词是从一个杂乱无章的关键词库中筛选出来的，但并不代表词本身符合逻辑。例如，对 SEO 经理而言，还有 SEO 经理招聘、SEO 经理招聘信息、北京 SEO 经理招聘等，一个页面标题完全可以涵盖这几个关键词，但如果对意思相同且在同一页面中可布局的关键词生成 40 万个页面，会产生大量的重复内容。大量的重复内容使搜索引擎认为此网站的内容是劣质的。因此 SEO 团队开展了第二次关键词处理工作，找出类似招聘、招聘信息、人才招聘的词根，删除重复词根的关键词，即去重。

经去重后仅剩下 10 万个左右关键词，而且这些关键词可以布局 40 万个关键词。这是因为每个职位都可以拼接招聘、招聘信息或人才招聘等关键词。将这 10 万个关键词整理为需求，便于开展本案例后续上线的工作。

6.5.4 页面上线与调优

本案例利用站内搜索功能批量生成聚合页，在页面上线的过程中，需要注意以下几点。

1．页面设计

关键词整理完成后，需要进行页面设计，便于用户浏览与查找。经过 SEO 团队与设计团队不断沟通，产生了两个方案：一个页面非常美观，一个页面非常简洁。最后选择了简洁的页面。因为这是一个 SEO 项目，美观的页面代码多，简洁的页面代码少且结构清晰。从方便蜘蛛爬行抓取及搜索引擎提取内容的角度考虑，简洁的页面是最优方案，最终页面设计如图 6-29 所示。

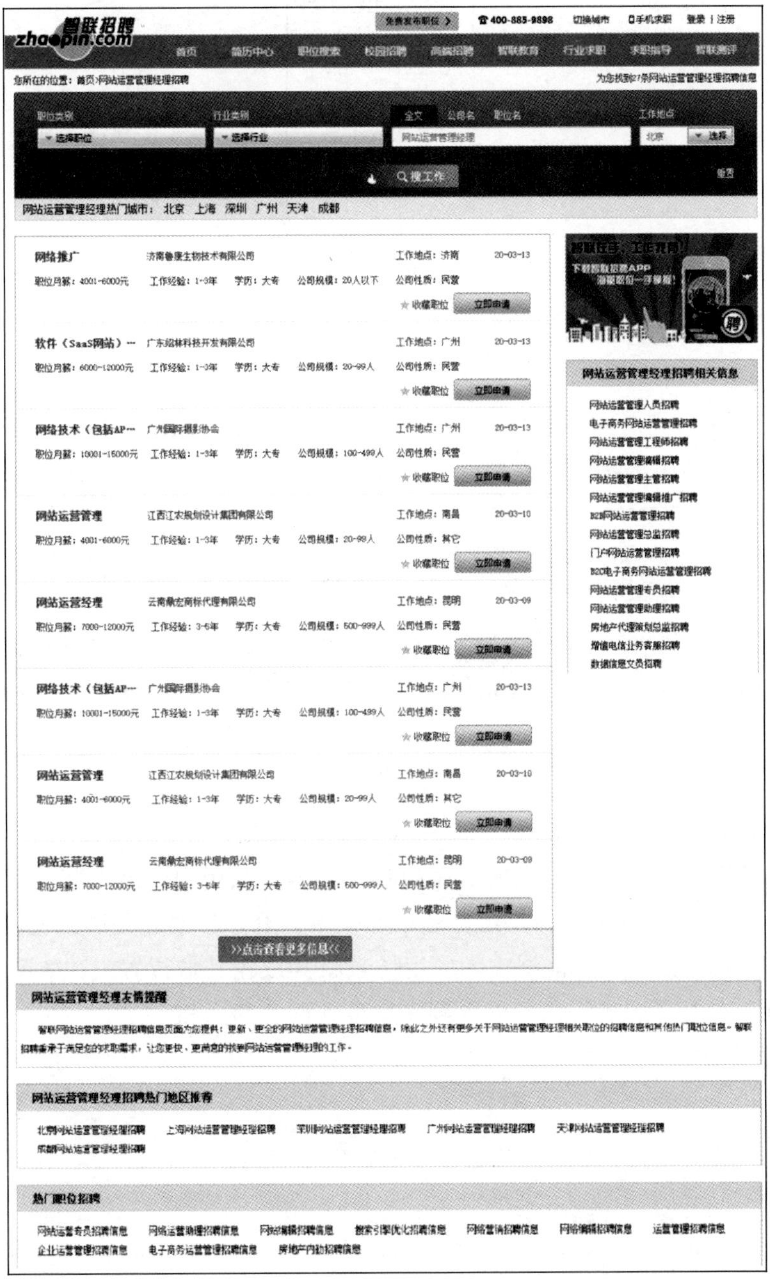

图 6-29

2．关键词密度

即使页面样式简洁，也加入了 SEO 的元素。搜索引擎处理页面与搜索词相关度时，先针对页面内容与搜索词进行相关度匹配。在一个页面中出现该搜索词的次数就成了判断相关度的重要因素，即页面聚焦关键词的密度。

打开图 6-29 所示的页面，搜索“网站运营管理经理”，共计出现 27 次；而将该词进行分词后再次搜索，得到的结果如图 6-30 所示。

词	出现次数
网站	48
运营	46
管理	38
经理	32

图 6-30

对页面板块具体设置如下，使关键词与内容相关度相匹配。

（1）在页面的头部板块

如图 6-31 所示，利用面包屑导航、右侧信息概览、站内搜索框提示文字及城市分类导航的设置，分别合理出现了当前页面的主要关键词，其作用是增加关键词的密度。

图 6-31

（2）底部的页面介绍板块

页面介绍板块的作用是介绍当前页面的具体内容，从用户角度上其实际意义不大，而对 SEO 而言，可以通过对网页的介绍自然增加文本内容，且聚焦关键词密度。本案例将页面介绍板块放于底部，也可以根据实际应用场景将其放在其他位置上。如图 6-32 所示，从当前聚合页的文本内容描述信息可以看到，精准匹配完整关键词 5 次。

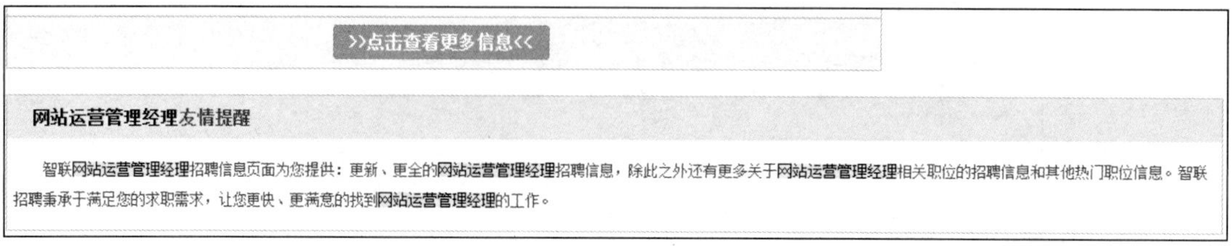

图 6-32

对 10 万个聚合页而言，只需要将页面介绍板块中的关键词部分作为一个可变参数即可，即打开页面的关键词是什么，灰色背景文字就是什么，就好像每个页面都是针对具体的关键词设计的。

（3）其他地域性推荐板块

每个职位都可以按照地域进行划分。例如，网站运营管理经理职位是可以分成“地域”网站运营管理经理的，如果开放全国 100 个城市的网站运营管理经理的聚合页，那么 10 万职位聚合页乘以 100 个城市，页面数量量瞬间放大 100 倍，达到 1000 万个页面。如图 6-33 所示，将开放的城市链接放置在此处，关键词的出现又增加了 6 次。

图 6-33

（4）右边栏的相关推荐板块

相关推荐板块是通过最初在关键词处理过程中基于关键词做好分类后按照分类逻辑进行调取的，如与网站运营管理经理所属同一类的其他关键词信息。既然这些关键词属于同一类，也证明了词与词之间是有相关性的，而在这个相关性的基础上，可将该板块作为增加关键词密度的一个版块。如图 6-34 所示，虽然此板块不能完全命中关键词，但无论搜索当前页面关键词分词中的哪个词，出现的频率都很高。相关推荐版块的一个重要作用是通过交叉连接的形式实现在链接算法上的排名加权。

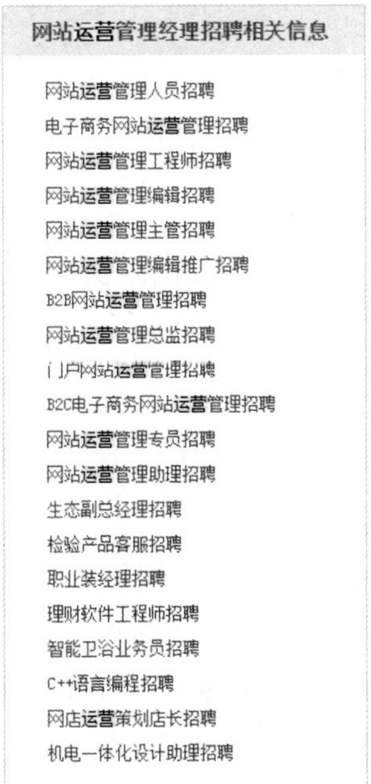

图 6-34

3．页面的链接支持

链接传递权重，链接建设主要包括相关链接建设、上下级链接建设及交叉链接建设。

（1）相关链接建设

相关推荐板块不仅增加了关键词密度，也调取了更多的相关关键词给用户进行推荐。而从搜索引擎链接传递权重的角度看，相关关键词链接推荐的重要性会高于其他的链接建设。因为搜索引擎认为该板块推荐的链接与访问当前页面的用户需求更加相关，是对用户有实际帮助的链接推荐，作用更明显。

（2）上下级链接建设

上下级链接建设是指页面的级别设置。本项目的上一级是类别页面，下一级是地域关键词聚合页。由于本项目刚上线，暂时没有考虑向上给予链接支持，而更多地进行了向下设置。如图 6-35 所示，关键词的热门地区推荐板块，调取的链接就是地域关键词推荐。

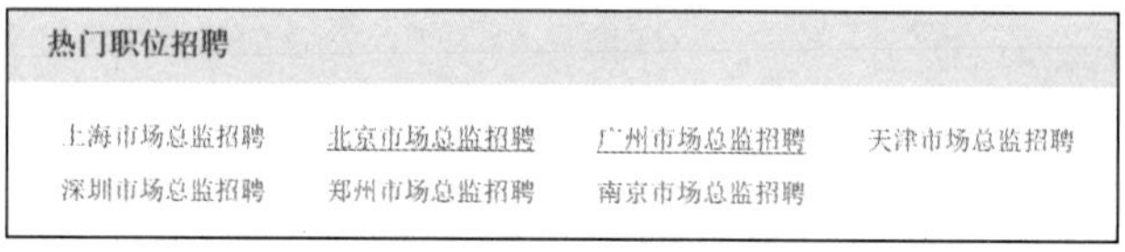

图 6-35

（3）交叉链接建设

在保证相关链接建设与上下级链接建设后，还有一些关键词得到的链接支持较少，因为关键词分类及链接分布并不是绝对均匀的，所以采用交叉链接可以使链接建设的整个体系变得更加均匀，从而获得导入链接较少的页面，也不会在链接算法角度上失去核心竞争力。如图 6-36 所示，根据热门的行业类别，随机调取 10 条数据，每条数据在当前页面被第一次调取后，至少在未来的 30 天内不会发生变化。

图 6-36

（4）其他链接建设

除上述 3 种链接建设方法外，还有如下方法。

● 基于引导蜘蛛抓取的随机推荐

在新项目上线初期，急需蜘蛛抓取大量页面，但在固定链接的建设方向上，很难做到重点页面被及时发现。因此需要让蜘蛛及时发现网页的动态变化，从而提高抓取频率。例如，在页面中添加名为“猜你喜欢”“为你推荐”等板块，在整个项目中随机调取多个内容页面链接，通过页面刷新内容就变化的方式来吸引蜘蛛抓取。

● SEO 自动化链接建设

SEO 自动化链接建设是指程序根据预先设定的要求，针对不同的板块位置进行自动化调取，如调取最近 7 天内发布且没被收录的内容、调取最近 7 天内排在 10 名之外的内容。如果希望网站以指定的链接结果被调取，就需要对板块的构造进行相关设置。在进行自动化链接建设前，需要收集哪些页面被收录、哪些页面排名下降等数据。

- 基于业务需要的主观链接建设

基于业务需要的主观链接建设是指在网站运营过程中需要发布重要内容时，页面上线的同时提供链接支持。例如，一个重要的活动在推广宣传期，应同时在搜索引擎上能搜索到相关信息；若今天发生重大行业事件，应确保网站对其的重要报道内容可以参与排名。通过对板块进行设置，将发布的内容标记为“重要活动”，就在该板块中指定了页面链接及关键词，从而达到全网站多个页面给该页面链接支持的目的。

4. 内容过少或为空的解决方法

本案例通过 10 万个关键词利用站内搜索批量生成聚合页，难免会出现部分关键词搜索结果数量过少，甚至没有搜索结果的情况，这样导致大量内容过少或为空。而内容过少或为空会降低页面综合质量分数。为了避免这种情况发生，采取了以下措施。

在查询所有关键词下是否有内容这个环节，SEO 团队与技术团队一起将这类关键词识别并剥离出来，查看这类关键词下的相关关键词数量，如果低于 20 个就暂时放弃此类关键词。若某个关键词的搜索结果为空，但这个关键词分类下的关键词等于或大于 20 个，则利用补全规则进行处理。

补全规则是指针对内容过少或为空的页面进行规则性补全。例如，在百度搜索时搜索结果数量过少，百度会利用补全规则推荐相关的其他信息，如图 6-37 所示。

图 6-37

本案例效仿了百度的方法，如图 6-38 所示。

图 6-38

搜索“网站运营管理经理”，点击上海，只搜索到 1 条数据，此时利用补全规则推荐了更多的信息，在保证用户有效浏览的同时，解决搜索引擎识别页面质量不佳的问题。补全规则的逻辑是当页面调取内容少于 15 条或为空时，调取当前关键词同属分类的其他关键词搜索内容以补齐 15 条。

本案例通过补全规则提示还植入了关键词，且给该关键词增加了 strong 标签，即进行加粗处理，如图 6-39 所示。这样既增加了关键词密度，又强调告诉搜索引擎该页面的关键词。

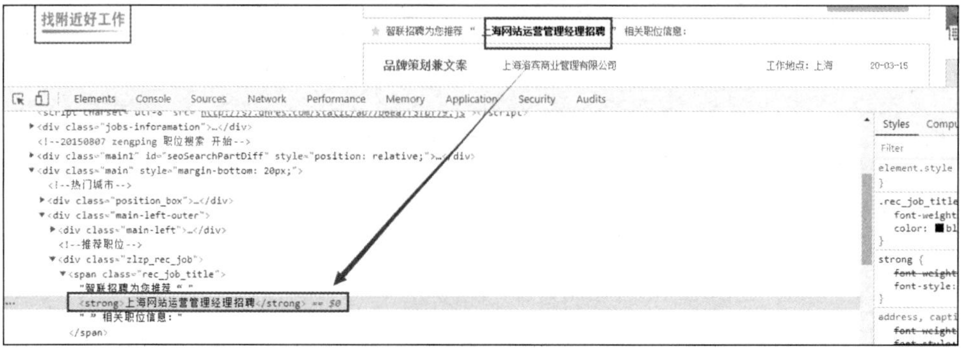

图 6-39

本案例的要点是通过分析和挖掘用户需求，将用户需求整理成对应关键词，以关键词为单位聚合网站内的各种数据资源形成聚合页，从而满足用户需求和搜索引擎需求。聚合的方式多种多样，可以使用搜索、tag 标签等，根据网站特点自行选择。聚合数据的结果越精准，越能满足用户需求，被搜索引擎惩罚的概率越低。反之，为了快速提升效率，收集关键词后随意拼凑组合内容，在很短的时间内生成大量聚合页，但页面内容无法提供对用户有价值的信息，或者用户需要花费大量的时间才能找到有价值的信息，这种页面必定会被用户和搜索引擎抛弃。

聚合页是把双刃剑，如果运用得当，可以让 SEO 效果立竿见影，很多 SEO 人员通过聚合页提高了自己的 SEO 技术；如果运用不当，则会受到搜索引擎严厉的惩罚。衡量运用得当与否的标准是用户体验的好坏，即聚合页内容能否满足用户需求。以用户体验为第一出发点，生产高质量的对用户有价值的页面，才是 SEO 的重要工作。